子どもの英語にどう向き合うか

鳥飼玖美子 Torikai Kumiko

はじめに

この本は、英語を学ぶ子どもたちの保護者の方々に向けて書きました。

なぜ、保護者なのかといえば、悩むお母さんやお父さんたちの声を多く聞くようになったからです。とくに、新しい学習指導要領で二〇二〇年度から小学校で教科としての英語が始まることを詳しく書いた拙著『英語教育の危機』（ちくま新書）が二〇一八年一月に出版されてから、講演会でも質疑応答の時間になると、必ずどなたかが立ち上がり、「小学校での英語教育について、どう思いますか？」「英語は早く始めるほうが良いと思っていましたが、現状を見ていると、そうとも言い切れない気がしてきました」「小学校での英語について、親として、どのように対応したらよいのでしょうか」などを尋ねる質問が多くなりました。

取材もよくありますが、何名かの記者の方が、男女を問わず、取材後に本音を出されます。「小学校英語についての先生のご意見は全面的に賛成ですので、これでまとめさせていただきます」と言ってレコーダーやノートをしまうと、その後は、記者ではなく母親や父親の顔になり、「ただ、自分の子どものこととなると迷うんですよね。小学生に英語はいらないとは思うんですが、現実に英語の授業が始まるし、中学入試にも英語が入るようになっているので、やっぱり英語だけはちゃんとやらせるべきじゃないかと悩みます」と本音の相談になるのです。

記者だけではありません。今はまだわが子は幼児だけれど、小学生になる頃には英語が始まるので、どうしようと今から心配ですという編集者もいれば、子どもを保育園に入れて仕事を続けているのだけれど、毎日の活動に英語が組み込まれていて、一体どんな英語を教えているんだろうと思います、という美容師もいます。幼稚園児の孫が英語塾に通っているんです、と喜んで良いのか心配して良いのかわからないといった面持ちの祖父母もいます。

アドバイスを求められ答えを探しているうちに、ふと思い出したことがありました。小学校三年生のときに、英語嫌いになりかけた自分自身の記憶です（詳しくは序を参照下さい）。母親に教わったとおりに英語を発音したら、「子どものくせにキザな発音するんじゃないの」と先生に叱られてしまったのです。泣きながら帰宅した私に、母は「クミコは悪くない」と言い切り、校長先生に相談したようです。それからは、日本人の先生が英語の発音について子どもを叱責することはなくなりました。今の日本なら、こういう強い母親はモンスター・ペアレントとでも呼ばれてしまうのかもしれませんが、小学生の私を打ちのめしたこの体験は、放っておかれたら、私を英語嫌いにしたはずです。

英語教育の現状を直視すると、私のような経験をする子どもが出ないとは限らないと不安になります。母親が守ってくれたので私は英語嫌いにはなりませんでしたが、先生の一言で英語嫌いになる子どもは昔も今もいます。これからはもっと増えるかもしれません。それを考えると、親は子どもの防波堤になって守る必要が出てくるように思われます。その際に、少しでも子どもにとって良い判断ができるようにと考えて、本書を書きました。

英語の話になると、大半の大人は自分が受けた英語教育を思い出して判断しますが、これは誤った方向に子どもを導きかねません。現在の英語教育、そして二〇二〇年からの英語教育は、以前とは様変わりしているのです。なぜそのように変革したのか、これからの英語教育はどうなるのか、ということを理解して適切な判断をしていただくことを目的に本書を書きました。

「序」で、英語をめぐる状況に照らして親の役割を示唆し、第一章では母語である日本語と外国語である英語との関係を考えます。第二章では英語教育の歴史を振り返り、改革の系譜をたどります。続く第三章では、これからの小学校英語教育について知るために、二〇二〇年施行の学習指導要領における英語教育を解説し、文科省作成の小学校英語教材を紹介します。終章は、全体を振り返り、不確実な時代に生きる子どもたちを親はどう育てるかを考えたいと思います。

未来を担う子どもたちが、英語に押しつぶされることなく、日本語と異なる外国語を楽しんで学び、のびやかに育ってくれることを願っての書です。

子どもの英語にどう向き合うか　目次

序　親の役割

「お子さま英語」から「大人の英語」へ

小学校どころか幼稚園や保育園でもすでに「英語学習」がカリキュラムに取り入れられているることが多く、今や、好むと好まざるとにかかわらず、いやでもわが子が英語を習ってくる、という時代になっています。

子どものうちは、やっぱり母語が大切だと思うのだけれど、英語を教えないで下さいとも言えないし困ったと悩んでいる方々もいれば、英語は小さいうちからやらせたいと考えていたけれど、実際の授業を見てみたら専門家とは言えない人たちが教えていて愕然とした、小さいうちからあんな英語を刷り込まれてしまってどうしたら良いだろう、と困惑している方々もいます。

本当に、どうしたら良いものか、と思います。

でも、考えてみれば保育園や幼稚園や小学校でいくら英語を教えると言っても、インターナショナル・スクールでなければ、せいぜい週に一時間か二時間程度でしょう。毎日あるとしても一日のうち一時間程度です。その他の時間は、日本にいれば通常は日本語などの母語で過ごします。ということは、母語獲得を阻害するほどの強い影響力は日本で暮らしている限り起こりません。子どもが接する時間が母語と比べて英語は圧倒的に質量ともに低いわけです。母語が負けてしまうわけではない、単に母語以外の言語に接している、と考えれば良いでしょう。

もちろん、それは親が期待するほどの英語力を身につけるわけではない、ということも意味します。英語圏で何年か過ごして帰国した子どもたちであっても、どこかの段階できちんと読み書きを含め体系的に英語を学ばないと、仕事で使えるような「大人の英語」にはなりません。子どもの頃に習った英語は、所詮は「お子さま英語」ですから、どこかで「大人の英語」に脱皮しなければならない、という現実をしっかり見極めることです。

その点を認識しないまま、「今日は、どんな英語を習ってきたの？　言ってごらん？」と聞いたり答えさせたり、「そんなの英語じゃないでしょ。しっかり発音してみなさい」などと教えてみたりすることが重なると、子どもは敏感ですから「英語を話せることはお母さんやお父さんにとって大事なんだ」というメッセージをしっかり受け止め、自分ではそれと自覚しないまま「英語はちゃんとやらなきゃいけない」という圧力を感じることになります。これは子どもが英語嫌いになる道への第一歩です。そうならないためには、小さい頃に英語をやったくらいで英語が上達するわけではない、と肝に銘じることです。

また、昨今のように、すべての公立小学校で英語の授業があり、多くの幼稚園や保育園などで英語を提供しているということは、相当数の英語教師が必要になるわけですが、児童英語の専門家は数が少ないことから、なかには教える資格のない人が教えている場合もあります。ですから英語に限っては、「先生の言うことはちゃんと聞きなさい」「先生の言うとおりにしなさい」などと子どもに言うことは、場合によっては裏目に出ます。

「ハット」事件

私自身が、小学生の頃、英語嫌いになりかけたことがあります。

私立の小学校に三年生で編入したら英語の授業が週に何回かありました。カナダから派遣された宣教師が創立したミッション・スクールでしたのでカナダ人の先生が教えてくれることもあり、日本人の先生が担当する時間もありました。あるとき、教科書に描かれた帽子の絵を指して、若い日本人の先生が「これは英語で何と言いますか?」と私に質問しました。たまたま前日に予習して母親に教わっていたので、張り切って大きな声で"hat"と答えました。するとその先生は、「子どものくせにキザな発音するんじゃないの。「ハット」って言いなさい!」と怖い顔になり、日本式に「ハット」と言うよう指示しました。母親が教えてくれた発音とは、〝a〟の音も、最後の〝t〟の音も違います。

私は家に帰ると泣きながら「ママが言ったように発音したら、先生に叱られた」と母親に訴えました。すると母は「先生の発音は英語とは違う。クミコの発音は正しいんだから気にしなくていいの」と慰め、学校に出かけて行きました。どうやら校長に相談したようで、それ以降、発音はカナダ人の先生が担当することになり、日本人の先生が生徒の発音を直すことはなくなりました。

もっとも、英語教育について研究するようになってから、発音はカナダ人の先生が教える、つまり発音はネイティブ・スピーカーだけが指導することが良いとは限らないことも知りました。母語話者といっても出身地などによって発音は千差万別ですし、音声学の知識がある「ネイティブの先生」は稀有(けう)です。多くの場合、ＡＬＴ（外国語指導助手）も含め母語話者は、「これがネイティブの発音」だと自分の発音を聞かせることはできますが、日本人がなぜ自分と同じ音を出せないのか、どうすれば母語話者の発音に近づくのかは知らないので、発音を聞かせて真似(まね)させることしかできません。日本人で音声学をきちんと学んだ教師が、日本語との違いを説明して指導するほうがはるかにわかりやすく定着するのです。

私の発音を咎(とが)めた先生が、どういう理由であれほど叱ったのかわかりませんが、日本の子どもなら日本語的に発音するのが自然だと考えて、妙に英語的だったことに思わず反発したのかもしれません。

英語の発音指導

現代の英語は「国際共通語としての英語」として機能しているので、母語話者の発音を真似るのではなく、各国の人々との意思疎通のために「わかりやすい通じる英語」であることが大切なのは確かです。けれど、国際共通語なのだから発音を気にしなくて良い、というのは英語を使うときのことであって、発音がどうでもいいわけではありません。子どもでも大人でも、学習にあたっては、可能な限り英語としての音を習得するべきです。「わかりやすい通じる英語」を話すためには、英語特有の「音」と「リズム」の基本を習得することは不可欠です。

「ハット」を英語として理解されるように発音するには、英語の母音〝a〟がどれだけ日本語の「ア」と異なるかを知らなければなりません。hatという単語の最後を子音〝t〟で終えることは、子音のあとに母音をつけて発音する日本語に慣れていると極めて難しいことに気づく必要があります。私の「ハット」事件を振り返ってみると、あのときの先生に音声や音韻の知識が少しでもあれば、英語っぽい発音をした私を叱るのではなく、その機会を利用して、英語の〝a〟は日本語の「あ」と発音が違う、単語の最後は「と」ではなく〝t〟のように終わることが多い、という英語の「音」の特徴を説明し皆で練習したのではないかと思います。

ところが残念ながら、中学校でも音声学の知識のない英語教員が圧倒的に多いという現実があるのです。とりわけ小学校では英語の専門家ではない学級担任が中心に教えるので、英語の音や強弱のリズムを知らない指導者が、まるきり日本語的な発音をして子どもたちに何度も繰り返し言わせている光景を目にすることがあります。

その現実を甘受すれば、小学校の英語に過大な期待を抱かないこと、教師の英語が完璧だとは限らないと受け入れることが求められそうです。この二点をしかと胸に刻み込んだ上で、小学校の英語は「英語という異質なことばに出会う機会」と捉えればよいのではないでしょうか。

子どもたちが生きていくのは、多文化多言語が共生する社会です。異質なのは外国のことばや文化ばかりではありません。たとえばジェンダーの違い、年齢差、地域差など国内でも異文化は存在します。自分と異なる他者とどうコミュニケーションをとり、どう理解し合うかという異文化コミュニケーション能力は、日本の中でも必要です。

コミュニケーションの根っことなるもの

ある幼稚園でのこと。三歳で初めて幼稚園に入って二日目くらいのことでした。ココちゃんはおままごとで遊んでいました。そこへほかの三歳児がやってきて「赤いおなべ、返して」と言いました。いきなり「返して」と言われたココちゃんはびっくりして困りましたが、「貸して」と答えてみました。ところが目の前の女の子は泣き出してしまったのです。どうしようと思っているうちに、その子は泣きやんだのですが、今度はココちゃんが泣いてしまいました。

これは、対人コミュニケーションの第一歩です。二人とも三歳児で、まだ「友だち」という意識も生まれていないし「一緒に遊ぶ」ということにも慣れていません。一つしかない赤いお鍋を二人とも使いたいけれど、どうして良いかわからない、という状況です。おそらく、このような失敗を積み重ねていくうちに、ことばを使って相手に説明したり相手の言い分を聞いたりして、少し待って順番に使う、赤ではなく緑の鍋をどちらかが使うなど、二人で折り合いをつけることを学んでいくのでしょう。先生が二人のこのやりとりを見ていたかどうかわかりませんが、見ていても口出しはせず、二人が自力で解決するのを待っていたように思います。母語でのコミュニケーション能力とは、このようにして自分以外の他者との試行錯誤を経て培われるものです。それが根っことなって、やがて成長した暁に、ことばを介して他者と共存することができるようになるのです。

外国語でのコミュニケーションは、そのような母語でのコミュニケーション体験が基盤となります。それを考えたら、幼い頃の遊びを通しての対人コミュニケーションは、言い争いであれケンカであれ、英語の単語をいくつか覚えるなどと比較にならないほど、何ものにも代えがたい学びであることがわかります。

幼い子どもにとっての英語は、「異質な存在」として触れることができれば十分です。あとは中学生になって本格的に英語を始めるときに嫌いになっていないことに留意するだけです。子ども時代は、「異文化コミュニケーション能力の根っこ」を母語で培う、かけがえのない時期であることを強調したいと思います。

第一章　子どもと言語

1 母語と外国語——日本語と英語

言語力の土台

外国語を教える、あるいは学ぶという際に忘れてはならないのは、母語と「母語以外の言語」との関係です。この本を読んで下さっている多くの方々にとっての母語は日本語でしょうし、この本で話題にしているのは英語という外国語です。この両者の関係は大切なのに、顧みられることが少ないので、ここでお話ししておきます。

母語というのは、文字どおり「母のことば」です。母親のお腹の中にいるときから赤ちゃんが聞いていることばであり、生まれてすぐから母親、父親、家族や周囲の人々が話しかけてくる言語。第一言語と呼ぶ場合もあります。とくに勉強しなくても誰でも話せるのが母語ですので、ありがたみが感じられないかもしれません。けれど、母語は一人の人間がことばで考える力を生み出し、英語を学ぶにあたっても大きな力を発揮するのです。

一つの実例をご紹介しましょう。「大村はま記念国語教育の会」事務局長の苅谷夏子さんをお招きして、「伝説の国語教師」と呼ばれる大村はま先生について講演をしていただいたことがあります。英語教員が中心のプロジェクトだったことから、苅谷さんはご自身の恩師である大村はま先生の「ことばを育てる」教育について語る前に、英語についての体験談から講演を始めました。

私はなんだかすんなりと英語を勉強しました。基礎的な英語の習得にそれほどの苦労をしませんでした。もちろん今、ボキャブラリーも十分ではなくて、威張るほどの英語力ではありません。しかし、そんなに大きな苦労なく基本的な英語力を身につけた、ということがあります。

二十八歳の時に夫の留学に付いていき、アメリカで暮らすようになりました。その時まで、学校英語、受験英語しか勉強したことがなかったのですが、三箇月も過ぎる頃には、街に出るのに身構えることなく、特別な緊張をしなくてもすむようになりました。電話をする時にも、最初はシナリオを書いてから電話をしていたのですが、気づいたらそんなこともしなくなっていた。

その順調さは一体何なのだろうと思って考えますと、大村教室で鍛えられていた「言語力の土台」のようなものがあって、その土台の上に英語が乗ったのだ、という気がするのです。もちろん英語と日本語はボキャブラリーも文法もすべて違うのだけれど、言語という土台の部分、あるいは言語に対するときの姿勢というものがしっかりとあれば、体系の異なる言語もおさまりどころがあるような感じがするのです。*1

母語である日本語で培われていた「言語力の土台」のようなものがあったので、そこにあとから来た英語が乗るような感じで、それほど苦労せずに基礎的な英語を習得した、というのです。公立中学校で英語を学び、大学では国語を専攻した苅谷さんは、二八歳で初めてアメリカへ渡り、三ヶ月ほど経つ頃には、「身構えることなく」英語で生活していたというのです。

考える力はことばで身につく

これを聞いたときに私が思い出したのは、「二言語相互依存説」でした。カナダで長年バイリンガル研究をしているカミンズ（James Cummins）による説で、第一言語（母語）と第二言語は、基底のところで共通し、相互に関係しながら発達するという考え方です。たとえば日本語が母語である子どもが英語を習得する場合、日本語と英語は音声や文法などはまるで違うけれど、深層部分で言語能力が共有されているというのです。この基底で共通する言語能力には、論理的に分析し比較するなどの「抽象的思考力」や文章構造を意識するなどの「メタ言語能力」があるというのがカミンズの想定です。これは、苅谷さんの言葉を借りれば「言語力の土台」です。別の言い方をすると、母語によって作りあげられた「ことばで考える力」とも考えられます。

ことばと思考の関係については、これまで多くの学者が取り組んできました。人間は思考をことばで表現するわけですが、それだけでなく、ことばが思考を形づくる、すなわち世界がどう見えるかということは、その人が話すことばによって決まる、という学説もあります。[*2] 人間の脳の働きや、言語と思考の仕組みは、調べれば調べるほど複雑で、さまざまな研究が行われ諸説ありますが、少なくとも「ことば」は「思考」に大きな影響を与えることだけは確かだとされています。

「日常会話」と「学習言語」

ところでカミンズは、言語力を「会話力」と「学習言語力」に分けています。

外国に住んで現地の言語に浸(ひた)ると子どもの年齢が低いほどすぐに発音を習得することはよく知られていますが、日常会話は二年ほどで使えるようになるけれど、学校の勉強に必要な学習言語は、母語話者の子どもと同レベルになるのに五年から七年はかかることを発見しました。発音などの音韻規則や日常会話は、子どもの場合、自然に獲得しますが、学習言語は自覚的に学習することが欠かせないのです。

カナダに移住した日本人の子どもを調査した研究[*3]では、母語の読み書き能力を身につけてから移住した七歳から九歳の子どもが最も容易に最も短期間（平均三年）で現地の母語話者並みの読み書き能力に追いついたこと、三歳から六歳で移住した子どもの学習言語の習得は難しく一一年以上もかかることが報告されています。[*4]

仕事で海外に駐在している日本人家庭では、子どもはあっという間に英語が上達して親より上手に会話をするという話をよく聞きますが、これは学校で友だちが話している英語を聞いて真似して獲得した会話力のことでしょう。

注意しなければいけないのは、二つの言語を使う環境に置かれても、両言語とも同じくらいに使えるようになる子どももいれば、両方の言語とも不十分な子どももいることです。バイリンガル研究では、海外で一定期間を過ごした帰国生（帰国子女）でも、渡航時・帰国時の年齢、滞在年数、現地での環境などにより言語力が異なることが示されており、全員が母語と第二言語をバランスよく習得しているわけではありません。赤ちゃんの頃からアメリカで一〇年間育ったのに英語が不得意な帰国生を何名も知っていますし、日常会話や発音は問題ないけれど、読解力が不足していて英語を書くことに自信がない生徒もいます。

「バイリンガルになれなかった」帰国生

発達心理学者の内田伸子さん（お茶の水女子大学名誉教授）は、授業後に提出された大学四年生のレポートを（本人の了解を得て）、論文で公開しています。レポートの題目は「私はバイリンガルになれなかった」で、以下がその冒頭です。

> 私は三歳一一カ月から一五歳まで一一年半の間、旧西ドイツのハンブルグ市ですごしたいわゆる帰国子女です。滞在中、言語習得に関しては〝自然放置〟の状態におかれ、週五日の現地の学校と週一日の日本語補習校という生活を送りましたが、とうとう一度もドイツ語を自由に使えたことはなく、高学年になるほどにその不自由さは増しました。おしまいにはかなり参ってしまい、帰国することになった時にはほっとして逃げ帰るという気持ちでした。*5

内田伸子さんは、「子どもは早くことばを覚える」「だから英語も早くから教えたほうが良い」という日本に根強い信念が、素朴な思い込みであることを示そうと、ドイツからの帰国生のレポートを公表したのです。

確かに発音（音韻規則）と聞き取り（聴解能力）については、母語でも第二言語でも、年齢が早いほど容易に習得し、大人を上回るレベルに到達するようです。ただし、言語能力全般というわけではないことに注意する必要がありますし、母語獲得と第二言語習得は異なります。赤ちゃんは生後一二ヶ月ほどで母語の「音」を聞き分けられるようになり、その後、童謡や童話や絵本やことば遊びなどを通して母語を脳に刻み込むのですが、第二言語では同じようにはいきません。アイデンティティや文化的な要因も介在します。

「英語がペラペラ」とはどういうこと？

日常会話はできるけれど内容のある話ができない帰国生は、私も目の当たりにしたことがあります。OPI（Oral Proficiency Interview）という、面接でスピーキング力を測定する試験が公開で行われた際でした。受験生の一人は大学二年生くらいでした。目をつぶって聞いていれば、アメリカ人が話しているかと思うくらいに流暢なアメリカ英語でした。三〇分くらいの面接が終わり、その大学生が退室したあと、試験官が出した判定は、上から三番目くらいのレベルでした。当然、最高レベルの判定だと思っていた見学者は誰もが驚きました。試験官の説明によると、「彼はなるほど、アメリカ英語が身についているようだった。しかし、それは簡単な日常会話レベルでのことで、話が抽象的になるとまったく対応できなかったではないか。あれでは最上級レベルとは言えない」。

そういえば、趣味だの友人のことなどを聞かれていたときは楽しそうに自信をもってしゃべっていましたが、「あなたはアメリカのハイスクールで学び、今は日本の大学で学んでいるそうですが、日本の教育とアメリカの教育の一番の違いは何だと思いますか?」と聞かれた際には、「アー、ウー、you know……」としどろもどろでした。

試験官によれば、この質問はこの受験者には難易度が高過ぎたとわかったので、次はもう少し答えやすい内容に質問のレベルを落としました。「あなたは大学でコンピューター科学を専攻しているとのことですが、コンピューターが人間の未来にもたらす良い面と悪い面は何だと考えますか?」という質問でした。しかし答えはやはり苦しそうで、支離滅裂な英語になってしまいました。試験官はこの学生について「アメリカで教育を受けた際に、十分な読み書きをしなかったように思う。英語で読む力が育っていないから、抽象的な話になると対応できなくなるのだろう」と解説しました。

日常的な対人「会話力」と、抽象的な内容を話すことができる「学習言語力」の落差は、この大学生だけではないように思います。多くの帰国生が、「帰国子女だからペラペラでしょ」と自他ともに認めており、学習言語力が不十分なことに気づいていないようです。文部科学省の英語教育政策も「会話力」を目指しているので、「学習言語力」がつかないのではないか、だから成果が上がらないのではないかと危惧（きぐ）しています。

大人になってから英語で仕事をするには、日常会話力だけでは不十分で、どうしても仕事に関わる内容を理解し分析し発信する認知的枠組みと、それに見合う言語コミュニケーション能力が必要になり、それには「読む力」が不可欠です。

そして、そのような「読む力」は、人間の社会に大きな影響を及ぼしつつあるＡＩ（人工知能）に対応するのにも必要な力であることを、次節で紹介します。

2 言語能力向上の基礎

AIに負けない「読む力」

ここで、ＡＩ（人工知能）と子どもたちの将来を考えてみます。

ＡＩの進歩で自動翻訳機や、それに音声認識を加えた自動通訳機が発達してきています。日本政府も二〇二〇年の東京オリンピック・パラリンピックに備え、各言語での自動通訳機の開発を急いでいます。そうなると、政府が現在の中学三年生に求めている英検三級、高校三年生に求めている英検準二級くらいなら、ＡＩがすべて訳してくれるので、時間とお金とエネルギーを使って子どもたちが英語を学習する必要はなくなりそうです。

東大に合格するくらいの能力を持つＡＩ「東ロボくん」開発も話題になりました。二〇一一年に「ロボットは東大に入れるか」人工知能プロジェクトを始めた新井紀子さんによると、東大に合格するＡＩを作れるはずはないのだけれど、「ＡＩにはどこまでのことができるようになって、どうしてもできないことは何かを解明」して、「ＡＩに仕事を奪われないためには人間はどのような能力を持たなければならないか」を明らかにするのが、この「東ロボくん」プロジェクトの目的だったそうです。[*6]

ＡＩはコンピューターなので「計算」をしているだけ。そのコンピューターに知能を持たせようとするＡＩ（人工知能）は、「人間の知的活動を四則演算で表現」することを目指しているのであって、「人間のように考える」ことは、そもそも無理なのだそうです。「文を読んで意味がわかるということがどういう活動なのかさえ、解明できていない」ので、最近はやりの「ディープラーニング」も、統計的手法という限界があるとのことです。

つまり、コンピューターは膨大なデータを保存し学習し、そこから確率と統計に基づき「こうなる」という答えを出すものであって、そのためには、あらゆる事象を数字に置き換えて指示しないとならない。人間が瞬時に認識する物体でも数字に変換して教えなければならない、人間なら当然の常識も、数字で表せないのでコンピューターにはわからない。つまり、多量のデータを統計的に解析することでＡＩは人間を圧倒するけれど、弱点もあるわけです。万単位で教えられてようやく一を学ぶことが可能になるので、「一を聞いて十を知る」どころか、「万を聞いて一を知る」のがＡＩです。しかも、応用がきかない、柔軟性がない。決められた枠組みの中でしか計算処理ができないのです。そうした「人間にはかなわない弱点」を持つＡＩが担えない部分は何かといえば、「読解力を基盤とするコミュニケーション能力や理解力」だというのが「東ロボくん」生みの親である新井さんの結論です。

そのような視点から新井さんが、「危機的状況にある」と指摘しているのが、「日本の中高生の読解力」です。英語ではありません。母語である日本語の「読む力」です。

中学校の教科書を正確に読めるか

新井さんは、中高生の「基礎的読解力」を調査するため、東京書籍の英語と国語を除く中高の教科書と、毎日新聞、東京・中日新聞、読売新聞の三紙から主として科学面や小・中学生向けの記事を使ったテストを開発し、二万五〇〇〇人を調査しました。結果は「中学校を卒業する段階で、約三割が（内容理解を伴わない）表層的な読解もできない」「学力中位の高校でも、半数以上が内容理解を要する読解はできない」「進学率一〇〇パーセントの進学校でも、内容理解を要する読解問題の正答率は五〇パーセント強程度」です。「高校生の半数以上が、教科書の記述の意味が理解できていない」と判断される中で、AIが今ある仕事の半分を代替する時代が迫っているのです。

「問題を読まずにドリルや過去問をこなす能力」「枠組みが決まっているデジタル教材」などはAIがやっていることと基本は同じです。短期的にはそこそこの成績が取れても、それはAIと同じことをしているだけで、たちまちAIに代替されてしまいます。読む力を身につけない限りAIを超えることはできない、という「東ロボくん」の実験から学ぶことは大きいと思います。

新井さんは、「基礎的読解力」調査では、塾に通っているか、読書好きかなどとの関連性は不明で、「読解力」を上げる簡単な処方箋はないと認めつつ、じっくり読む「精読」が関係しているかもしれないと考えているようですし、読解力はいくつになっても成長できることを明言しています。

将来的にAIにとって代わられてしまう業種は数多あるので、これからの子どもたちには、AIではできないような仕事を選んでもらいたいものですが、そのためには、中学校を卒業するまでに中学校の教科書を読めるようにすることが大事です。基本的な「読む力」があれば、自分で本や資料を読んだりインターネットを検索したりして学ぶことができるからです。

ただし、そのような自律的な学習が可能になるためには、「読む力」に合わせて「意欲」も欠かせません。どうやったら「意欲」を喚起するか、というのも重要な問題です。

そこで次節では、「意欲」「動機づけ」そして、それを支える「自己効力感」について、お話ししたいと思います。

意欲って、何?

私が、「意欲」というものに興味を持っているのは、幼い頃の私は親から「意欲ゼロ」と言われて育ったからです。小学校に入学して初めての運動会。徒競走でニコニコしながら楽しそうに走ってビリになったわが娘の姿に両親はいたく落胆したようです。何度もその話を聞かされました。私自身は覚えていないのですが、おそらく私が幼くて徒競走の趣旨を知らず、「早く走ることを競う」意味をまったく理解していなかったからなのでしょう。「競走」の意味を知らなければ、ほかの子どもより早く走ろうという意欲など生まれようがありません。

ところが、どうやら一事が万事で、私はすべてのことに、良く言えば、のんびり、おっとりしていて、悪く言えば「やる気がない」子どもだったようです。両親が、「あんなにやる気がないんじゃゃ、成績が上がるわけがない。将来はどうなることやら」と嘆き合っている内緒話を聞いてしまったこともあります。

小学校を卒業する直前の個人面談で、担任の先生は私に対して「トリカイさん、あなたは自分に一番欠けているものが何だかわかりますか?」と聞きました。成績が悪いのは自覚していたけれど、「イチバン欠けている」と問われると困ってしまい「わかりません」と答えるしかありません。すると先生は「それはね、意欲ってものなの。あなたには意欲が全然ないのよね」と説明し、「意欲って、何だかわかりますか?」と尋ねました。「イヨク?　何だろう?」と困惑し、再び「わかりません」と答えました。すると先生は、「それはね、やる気のことなの」と説明し、たとえば、運動会の入場行進ですら「あなたはタラタラと歩いて、まるっきり意欲のない歩き方をしているのよね」と具体例を挙げました。それは私の学習態度すべてに該当するという趣旨の総括をし、「あなたに、やる気さえあれば、って先生はいつも思っているの。中学生になったら、やる気を出しなさいね!」と励ましました。常日頃、私を可愛がってくれた先生が真剣に語りかけたので、さすがの私も、これは大事なことなのだと感じ、「はい、やる気を出します」と約束しました。
でも、小学校六年生にとっては「意欲」だの「やる気」だのと言われても、それが具体的に何のことか、どうやれば「やる気」というものが出せるのかも、わかりませんでした。それはそうです。

動機づけ(モティベーション)とは何か

大学教員になって教育にたずさわるようになって初めて、「やる気」や「意欲」を喚起するのがいかに困難なことかを知りました。本人はどうして良いかわからず、教師もどうやったら学生の意欲を喚起できるのかわからないまま手探りであれやこれやを試します。うまくいけば何人かは興味を示して取り組んでくれるので、「やる気が出たな」と手応えを感じますし、何かが動機づけになり、いったん意欲に火がついた学生は、それまでとは人が変わったように勉強しだすことがあります。この学生に、こんな力があったのか、と驚嘆するほどの成果をあげます。その一方で、同じようなことをしてみても、まるで興味を示さず、意欲などどこ吹く風の学生もいます。

いったい何が動機づけになって意欲が喚起されるのか。これは一般に考えられているより複雑な問題で、こうすれば必ず成功するなどという絶対おすすめの方法はありません。受験のためなど、外から与えられる外発的な動機づけは長続きしないことが多く、内発的な動機づけのほうが持続すると言われますが、どうやって学習者の心を動かし自ら進んで「内発的」にやろうと思うに至るのかが、はっきりしていないのです。

各国でなされている研究によれば、個人の内面的特質や個人を囲んでいる社会的要因など多様な要素が関係するということだけは明らかです。[*7] 外国語学習へ結びつく動機づけでは、「自己」(self) が鍵だとされますが、「自己」の概念自体が文化によって異なるので、ひとくくりにはできません。[*8] 人間は複雑な生きものですし、人それぞれに個性があるので、こうすれば必ず誰もがこうなる、という具合には動かないのです。

たとえわが子であっても、親が良かれと考えて言い聞かせても、思うようにはいきません。子どもは親とは異なる独立した人格ですから、本人自身が、本当にやりたいと思わなければ、何を言っても馬の耳に念仏です。それがわかっていても、あれこれ言ってしまうのが親心ではあるのですが、やる気を出せと言われても、どうしたら良いのかわからない私のような子どももいます。

原動力は具体的な目標

ところが、再び自分の話で恐縮ですが、やる気ゼロの私が高校生になった途端に、親が驚くほど意欲的になったのです。それは、雑誌で読んだ「高校生のアメリカ留学便り」がきっかけでした。写真入りで日本の高校とはまるで違う生活が綴られていて、「アメリカってどんなところだろう。行ってみたいな」と素朴な興味を持ちました。たまたま同じ頃、父が「奨学金で一年間アメリカの高校に留学できる制度がある」と教えてくれました。これが、「動機づけ」となったのでしょうか、私のやる気に火がつきました。

ある日、私は思い立って、虎ノ門にある文部省（当時）に一人で出かけて行き、担当者に質問をしました。いくら自宅や学校から遠くない場所だったとはいえ、のんびり屋で人見知りするタイプの私が、よくぞそんな行動をしたと思います。応対してくれた文部官僚は、高校生がいきなり一人でやってきたので仰天した、とのちに語っていましたが、「教育委員会の試験と文部省の最終選考があって、校長の推薦状と内申書が必要。ホスト家庭探しはニューヨークにある本部が行う」などの情報を教えてくれました。

具体的な目標ができたので、私は猛烈に頑張り始めました。意欲が喚起されたわけです。ともかく英語です。英語の勉強で効果的だと考えられる方法は片っ端から試しました。なんとなく入っていた英語演劇部の活動に加えて英語スピーチ・コンテストに出場する、「百万人の英語」というラジオ講座を毎日聞き、付属の雑誌で予習と復習をする、英会話学校に通う、近所のアメリカ人宣教師宅での集まりに参加する、大学生の英会話サークルにもぐりこむ、洋書を読む、海外の高校生と文通をする等々。内申書が必要だというので慌てて他教科も真面目に勉強するようになりました。[*9]

自分で考える力

高校一年生での最初の受験は失敗しましたが、再度の挑戦で合格し、高校三年生で念願のアメリカへ留学しました。ニュージャージー州でホームステイしながら高校に通った一年は、私にさまざまな学びを与えてくれました。異文化の中で暮らし、異なる言語でコミュニケーションせざるをえなかった体験から学んだことは、現在に至る私の生き方と仕事に計り知れない影響を与えています。

同時に、ホストファミリーと暮らしたとはいえ、初めて親と離れて過ごした一年間は私を成長させました。失敗や挫折、不安や孤独なども味わいましたが、それを乗り越えて、自らの判断で日々を暮らしたという自信は何ものにも代えがたいものだったかもしれません。それまでは日本社会で、「まだ高校生」として家庭でも学校でも、「〜をしてはいけない」という規則や制約の中で、一人前ではない子どもとして保護されて暮らしてきたのに、アメリカでは「もう高校生」なのだからと大人扱いで突き放され、「あなたは何をしたいの?」「あなたはどう思うの?」とすべてにおいて判断を求められました。小さなことでは何を食べるかから始まり、学校ではどの教科を選択するかなど、あらゆることを自分で考えて「選択」しなければなりません。高校生なのに信じられないほど自由だと驚嘆しましたが、その代わり、責任は自分にあることも思い知りました。

そのような一年を経て帰国したあとは、漠然とですが、これからは一人でもやっていかれる、という自信を生まれて初めて感じたのでした。

教育にたずさわるようになってから、「自律性／自立性」と「自己効力感」が外国語習得に大きな役割を果たすことを知り、アメリカで過ごした一年は、「自立心」を養うと同時に「自己効力感」も培ったのではないか、と考えました。

外国語学習と自律性

外国語学習には「自律性」が欠かせません。学習者が自律して学ぶとは、どういうことか。教師に言われてやるのではなく、自らが考えてあれこれ試して学習方法を選ぶ、自分の学習に自分自身が責任を持つ、というのが「自律性」です。

「自立」という漢字をあてることもありますが、広い意味での「自立性」(independence)と区別し、とくに外国語学習で自ら責任を持って主体的に学ぶという意味の autonomy は、「自律性」と訳すのが妥当だと考えています。

学習における "autonomy"[*10] は、学校から離れて独立して学ぶことを指す場合もありますが、通常は、学校教育の中で学習者が自律することを指しています。コミュニケーション能力の伸張を目指す近年の外国語教育では、教師主体ではなく学習者中心で指導を行うので、学ぶ側が主体的に学ぶ自律性が重視されるようになりました。また、外国語は生涯をかけて学ぶものであるという考えからも、学校を卒業後に自らが学習を継続する上で自律性が不可欠だとされています。

当たり前のようですが、自分が学ぼうと思わなければ、どんなすぐれた教材を使って教師が熱心に教えても、効果は上がりません。「馬を水飲み場に連れて行くことはできるけれど、水を飲むのは馬自身だ」というたとえがあるくらいです。(英語という)水がいかに生きていく上で必要かを言い聞かせて、(学校という)水飲み場に連れて行っても、水を飲むのは馬(子ども)です。本人が飲もうという意欲を持たなければ、親も教師もどうしようもありません。

さらに言えば、どのような分野であれ、学びは一生続くものですが、とくに言語は、生涯をかけて学ぶものです。学校にいる間に学習が完結するほど外国語は容易ではありません。語彙(ごい)や文法が違い、音声が異なり、しかも言語を支える文化が異なるのですから、一(いっ)

朝一夕（ちょういっせき）には習得できません。つまり、学校では限られた時間の中で、外国語の基本だけを教えます。卒業してからも学習を継続するには、一人で学ぶ力が必要になり、自律した学習者であることが前提となります。

英語学習というと、どうしても学校や塾、予備校、英語学校などに頼りがちで、それが悪いわけではないのですが、どこかで自律しないと、いつまで経っても自分に合った学習の方法を見つけることができず、結局はものになりません。

「自律性」の涵養（かんよう）は、英語教育の大きな課題であるといえますが、それは英語だけの問題ではなく、子どもが成長していく中で、どのように自立していくかということに関わってくるはずです。自らを律する「自律」と、自らの力で立つ「自立」と、そのどちらもが人間には必要でしょう。子育てとは、子どもの自立と自律へ向けたプロセスであるように思います。

自分を信じる力はどう作られるか

「自己効力感」（self efficacy）というのは耳慣れない言葉ですが、何らかの課題に直面した際に、自分ならできる、と感じる自己に対する信頼感のことです。端的に言えば「やればできる」という自信で、心理学者のバンデューラ（Albert Bandura）が社会的学習理論の中で提唱した概念です。[*11] 自分はこれができると感じれば目標に取り組むし、私じゃダメだと考えれば尻ごみすることになるわけで、動機づけに大きな影響を及ぼす要因の一つと考えられています。

自己効力感の低い子どもは、「自分は何をやってもうまくいかない」と考えがちなので、主体的に行動する気が起きず、実際に行動を起こさないことが多いとされます。なんとか行動しても、やる気がない状態なので良い結果につながりにくく、「やっぱりダメだった」と落ち込んでさらに自己効力感を低めてしまい、行動を起こさなくなるという悪循環になりがちです。

自己効力感の高い子どもは、「自分ならできる」「やってやる」と考えて、前向きな気持ちで取り組みます。主体的にあれこれ創意工夫を重ねるので目標を達成することが多く、その結果、成功体験を積み重ねてさらに自己効力感を高めることになります。

自己効力感を高める要因としてバンデューラが挙げているのが、「成功体験」、「代理体験」（他の人が成功しているのを見る）、「言語的説得」（他人から励まされる）、「生理的・感情的状態」（心身の状態が良好で高揚している）の四つです。この中で最も強い効力感が期待できるのは「成功体験」だとされますが、その場合、楽に成功するのではなく、忍耐強い努力によって障害を乗り越える体験が必要とされます。

確かに、「私じゃ、どうせダメ」と思うのと、「私は、できる。やれば、できる」と思うのでは、意欲が違ってくるように思います。

高校生の頃は意識していませんでしたが、留学から帰国後の私は、大学受験にしても、同時通訳という仕事にしても、身のほど知らずの挑戦をしたように思います。そうと気づかないまま、自分がやりたいことを目標に頑張るようになっていました。やる気のない子どもが、いつの間にか脱皮していたのです。

「やる気ゼロ」だった私が大変身して、「頑張ればできる、やってみよう」と積極的に挑戦するようになったのは、留学時代に芽生えた「一人でやっていかれる」と感じた自信のようなものがどこかで支えになっていた、あるいは原動力になっていたのではないか、これが「自己効力感」ではないか、と最近になって考え始めました。

バンデューラが挙げた四つの要因の中では、「成功体験」が該当するかもしれません。一つ一つの体験はささやかなものでしたが、自分で考えて自分で決めることを迫られて必死で対応しているうちに、なーんだ、私だって一人でやれるんだ、という気持ちが出てきたように思います。小さな成功体験の積み重ねが、自信につながり、そこから「やってみよう」という意欲とチャレンジ精神が生まれてきたのかもしれません。

子どもを伸ばす「褒め言葉」

「自己効力感」がどのようにして生まれるのかは、特定しにくいのですが、小さな成功体験を重ねたアメリカ生活で気づいたことは、親にしても先生にしても、周囲の大人たちが実に頻繁に子どもを褒めることです。日本ですと、親がわが子を褒めるのは親バカもいいところで、とくに他人に対しては「ウチの子は本当にしょうがない子で」とか「バカ息子でどうしようもないんですよ」などと謙遜しますが、英語では、あっけらかんと、I'm proud of my daughter/son.「私は娘・息子が誇りなんです」と言い、何ができるとか、どこが優れているとか、他人に対しても本人に向かっても褒めます。

これはバンデューラが挙げた要因のうち「言語的説得」に該当するのでしょう。そういえば、学校でも家庭でも、ささいなことを褒められることが多かったように記憶していますが、他人に褒められても社交辞令に過ぎないと思えば自己効力感にはつながらないのですが、褒められて悪い気はしません。先生のちょっとしたひと言、ホスト家庭の両親のさりげないひと言に励まされたことは、やはり支えになりました。

過剰な一般化は禁物ですし統計があるわけではありませんが、日本語より英語のほうがはるかに褒めることが多いという印象があります。褒め言葉の種類も英語は豊富です。日本の若者が自信を失いがちで、未来に希望を持てないでいる姿を見るたびに、日本社会では子どもが自己効力感を抱く機会が少ないからだろうか、とつい考えてしまいます。

第二章　英語教育史から探る

1　英語学習の始まり

どうすれば、日本人は英語を使えるようになるのか。その答えを探る一助として、日本の英語教育の歴史を振り返ってみましょう。先人たちがいかにして英語を習得しようとしたか、また英語を教えようとしたか。その道のりをたどると、歴史的かつ社会文化的なコンテクストの中で外国語学習が行われてきたことがよくわかります。現代日本において英語学習はどうあるべきかという命題に答えるための重要な示唆を得られそうです。

英語と日本人の歴史を振り返って、未来に生きる子どもたちの英語を考える参考にしたいと思います。

きっかけは英国船襲来

日本人が公式に英語を学び始めたきっかけは、一八〇八（文化五）年、オランダ国旗を掲げた異国船フェートン号が長崎に入港したことです。この船は、実はオランダ商船に見せかけたイギリスの軍艦でした。一行は入港手続きを行おうとしたオランダ人商館員二名と長崎奉行所の役人たちを人質にとり、薪水や食糧を要求し、受け入れなければ港の船や長崎の町を焼き払うと言って脅しました。

当時、徳川幕府はいわゆる「鎖国」[*1]政策をとっており、通商相手をオランダと中国のみに制限し、長崎をその貿易港としていました。一六四一（寛永一八）年、平戸から長崎の出島にオランダ商館が移され、オランダ人が出島に閉じ込められて以降、長崎は西洋に開いた唯一の窓口でした。

そのような中、突然、フェートン号が来襲したのですが、オランダ船の往来がしばし途絶えていたことから、この年の長崎警護にあたっていた佐賀藩士の人数も少なく、長崎奉行・松平図書頭康英はオランダ商館長の説得によりやむなく彼らの要求に応じたのです。

そしてフェートン号出航後に、康英は国辱の責任をとって自刃、佐賀藩主も謹慎処分、家老ら数名の自刃という大事件となりました。

この事件に危機感を抱いた幕府は、ただちに長崎のオランダ通詞(つうじ)に英語とロシア語[*2]を習得するよう命じました。これが、日本の英語学習の始まりと言われています。

オランダ通詞の奮闘記

「通詞」とは、長崎奉行所で通訳や翻訳、通商事務などを執り行っていた地役人です。長崎には唐通事とオランダ通詞がいましたが、このうちオランダ通詞は、三十余家ほどが代々家業として受け継いでいました。大通詞のほか小通詞、稽古通詞など階級が細かく分かれており、昇進には試験がつきものでした。通詞の家に生まれた男子は、幼少時からオランダ語の基礎を叩きこまれ、一〇歳くらいになるとオランダ商館に通いオランダ人の指導を受けるようになります。実子に見込みがなければ、才能のある子どもを探して後継者として育てたそうです。つまり通詞は、日本外交の一端を担うという国家的使命のもとに養成された外国語のプロ集団なのです。

とはいえ、通詞は外交関連の外国語だけに長(た)けていたのではありません。江戸時代には蘭学が隆盛となり、医学をはじめとする西洋の科学技術が次々と導入されたのですが、その陰にオランダ通詞の功績があったことはあまり知られていません。たとえば、吉雄耕牛という大通詞は、日本初の西洋医学の翻訳書『解体新書』に序文を寄せており、翻訳にも助言を与えたと伝えられています。吉雄はオランダ商館医に師事した高名な蘭方医でもあり、杉田玄白や前野良沢とは深い親交がありました。オランダ人技術者と交流を深めるうちに知識や技術を得て、蘭学者としても活動していた通詞は珍しくありません。歴史に名こそ残っていませんが、蘭学の陰には必ず通詞がいて、日本の科学技術の発展を支えていたものと思われます。

さて、フェートン号事件をきっかけにオランダ通詞たちが英語の習得を命じられたわけですが、イギリスとの通交は鎖国の過程で一八〇年以上も前に断たれていたのですから、英語を話す人もいなければ教科書もありません。通詞たちは、おそらく困惑しながらオランダ語で書かれた英語教本などを探し、手探りで勉強を始めたのでしょう。

そんな中、ブロムホフという三〇歳のオランダ人がオランダ商館に赴任してきました。フェートン号事件の翌年、一八〇九（文化六）年のことです。ブロムホフはアイルランドの英国軍に四年間勤務した経験があるというので、通詞の英語教育係を任命されることになりました。

当初、ブロムホフによる英語の講義は、オランダ通詞約五〇名を一堂に集めて行われました。最年長は四二歳の本木庄左衛門正栄(もときしょうざえもんまさひで)という大通詞で、その一〇歳の息子も参加していたといいます。大人数で、しかも年齢差に幅がある生徒が一律に受講するのですから、当然のことながら学習効率はあがりません。外国語学習のプロである通詞たちの提案により、半年後には生徒を六名に絞り、受講する通詞を中堅以上に統一しました。授業方法は改善されましたが、指導したブロムホフはオランダ人で英語教育が専門ではなく英国軍に勤務した経験があるだけですので、どれほどの成果が上がったのだろうと思います。ところが驚くことに、わずか二年ほどのちに、世話役だった本木大通詞は、全一〇巻にもおよぶ英語の手引書を完成させます。これは、日本初の英語の手引書と言われています。

オランダ語なまりの手引書『諳厄利亜興学小筌』

一八一一(文化八)年、日本初の英語の手引書『諳厄利亜興学小筌(あんげりあこうがくしょうせん)』全一〇巻が長崎奉行所に献納されました。「諳厄利亜」というのはイギリスのことで、英語入門者向けにアルファベットの読み方や、二三三九語の単語、二〇〇三例の成句や会話文が収録されています。

その「凡例」（序文）には、本木庄左衛門正栄の苦労の日々が綴られています。

……国家の裨益にならざる事を慨へ、日夜尋思し専精するの余り、家学が伝来の古を披験しつるに、五十年前先人勤学の頃ひ写蔵せし数本を得たり。（中略）其書を披閲するに、字形は和蘭に大同少異なりといへども、更に東西を弁ぜずして、誠に暗夜を独行するが如く、一句片言分明ならず。幸いに此書を携へて師とする蘭人に質問し、尚彼が蔵する書とを修業する事にぞなりぬ。

本木家の先人が五〇年前に書き写した蘭英対訳本数冊をもとに孤軍奮闘していたところ、ブロムホフにめぐり会い、その指導を仰ぎながら訳していったのだと本木は語っています。数千もの単語や文章を一つひとつ訳していくのは、並大抵の努力ではなかったことでしょう。

その貴重な『諳厄利亜興学小筌』の実物を、長崎歴史文化博物館で閲覧する機会に恵まれました。ページをめくると、丁寧に書かれた文字が整然と並んでいます。横書きのアルファベットの筆記体には、読み方が朱字のカタカナで縦書きに併記されています。たとえば、このような読み方が登場します。

1　ヘーヘン
2　エールス
3　ウヲルヽト
4　シユン

いずれも自然や地理、宇宙などに関する「乾坤部」に収録された単語ですが、何のことだかわかりますか？　正解はこうです（括弧内は併記された意味）。

1　Heaven（天）
2　Earth（地）
3　World（宇宙）
4　Sun（日）

「ヘヴン」が「ヘーヘン」、「サン」が「シュン」となっているところに、オランダ語の影響を見てとれます。あいさつ文でも、たとえば“Good morrow, sir.”には「グート　モルロウ　シル」と、英語とは思えないような読み方があてられています。アイルランドに四年間住んでいたとはいえ、ブロムホフはオランダ人ですから、発音はかなりオランダ語のなまりがあったのでしょう。

ただ、このように読み方が違っていたとしても、当時はあまり困らなかっただろうと思います。英語の本を読んだり翻訳したりする上では、発音がおかしくても問題はなかったからです。それよりも、二年前まで英語を話したこともなければ聞いたこともなかった日本人が、全一〇巻にもおよぶ英語の手引書を作り上げたことは感嘆すべきことです。この本により単語の意味がわかるようになって、読解や翻訳、英語学習にどれほど役立ったことでしょう。実際に『諳厄利亜興学小筌』を前にした私は、よくぞここまで、と胸を熱くせずにはいられませんでした。

ネイティブ・スピーカーがやってきた!

先に述べたとおり、日本は一七世紀前半からいわゆる「鎖国」状態にあったので、日本人と英米人との公式な交流は久しくありませんでした。しかし、一八四八（嘉永元）年には一人のアメリカ人が非公式に来日しています。ラナルド・マクドナルドというその青年は、日本で初めてのネイティブ・スピーカーの英語教師だと言われています。とはいえ、マクドナルドは一般の人たちに英語を教えたわけではなく、生徒はオランダ通詞たちでした。

スコットランド人の父とネイティブ・アメリカンの母を持つマクドナルドは、なぜか自分の祖先が日本人だと考え、日本に憧れを抱いていました。そして二四歳のとき、「祖国日本」を目指してアメリカの捕鯨船に乗りこみ、船長に頼んで日本付近で小さなボートを降ろしてもらい、漂流民を装って北海道の利尻島に上陸を果たしたのです。

日本に密入国したマクドナルドは、利尻島の島民に手厚く保護されますが、もちろん異国人漂着の報せはすぐに松前藩に届けられました。「日本に滞在して日本語を覚え、もしイギリスかアメリカと貿易を開くことになったら通訳をつとめたい、日本人の教師ともなりたい」という夢を抱いていたマクドナルドでしたが、監禁されたまま、宗谷、松前と護送され、二ヶ月後には長崎に送られます。このとき取り調べの通訳を担当したのは、オランダ通詞の森山栄之助でした。

森山は一八二〇（文政三）年生まれですから、このとき二八歳。三年前（弘化二年）にアメリカの捕鯨船マンハッタン号が浦賀に入港してきたときには、オランダ語が通じない捕鯨船員を相手に片言の英語で通訳をつとめました。船長のクーパーは森山について「英語も少しばかり解するが、ゼスチュアがはなはだ巧みである」と手記に記しています。それが森山にとって初めての生の英語との出会いでした。それから三年、森山はマクドナルドに英語を教わることを思い立ち、仲間の通詞たち一三名を集めました。こうして、日本初となるネイティブ・スピーカーによる英語教室が始まったのです。ちなみに、そのクラスの目付役の通詞は『諳厄利亜興学小筌』を編纂した本木庄左衛門正栄の息子、本木昌左衛門久美でした。

座敷牢（ざしきろう）の格子（こうし）越しに行われた講義のようすを、マクドナルドはこう記録しています。

> 私に英語を音読してみせることが、生徒たちの習慣で、一回に一人ずつ音読した。私の仕事は彼らの発音を直すこと、そしてできるだけ日本語で、意味や構文などを説明することだった。われわれのある種の発音、とくに子音を彼らに聞き取らせるのはむずかしかったし、ある種の組合せの発音は、とくに発音しにくいようだった。（中略）彼らは文法などの面でかなり上達した。とくに森山がそうだった。ということは、彼らがすすんでそれを私から学びとったということだ。彼らは大変のみこみが早く、感受性が鋭敏であった。彼らに教えるのは楽しみだった。[*3]

貪欲な通詞たち

ここには、英語独特の発音に手こずりながらも、めきめきと上達する通詞たちの姿が描かれています。その様子からは、彼らの「生きた英語への渇望」とでもいうものを見てとれるような気がします。オランダ通詞が英語習得を命じられてから四〇年が経っており、その間、彼らがネイティブ・スピーカーと接する機会はほとんどなかったでしょうから、「生きた英語」に触れることなく、書物と口伝を頼りに勉強するほかなかったのだと想像されます。

そのような状況下、突然マクドナルドがやってきたのですから、千載一遇のチャンスとばかりに次々と質問を浴びせたのでしょう。通詞たちは、その貪欲さで短期間のうちにぐんぐんと知識や技能を吸収していったと推察されます。しかもマクドナルドは、漂流民としては疑惑を抱かれるのではないかとの不安をおぼえながらも、聖書、祈禱書、辞典、文法書、歴史書、地理書を携えて小舟に乗りこんでいたのです。マクドナルドは「これらの書物は彼らを魅了した。そして書物と日本人たちが私を彼らの教師にしてくれたのだ！」（前掲書）と、感激をもって記しています。マクドナルドは滞日わずか一〇ヶ月でアメリカに向けて送還されますが、その影響はけっして少なくなかったと思われます。

多彩な英語教材があふれ、外国人英語教師がいて当たり前の現代に、長崎通詞のような貪欲さを持てと言っても、それは無理な話でしょう。通詞たちは、アジアの多くの地域が欧米列強により植民地にされるという危機的状況の中、日本を守る外交の一端を担う重大な責務を負っていたのですから、その重圧たるや、現代人が「趣味で英語を学びたい」ということとは比べようもありません。

英語に限らず外国語学習において、動機づけが何よりも重要なカギを握っているということは、第一章で説明したとおり、多くの研究から明らかになっています。すばらしい教材、優れた教師がそろっていても、何のために学ぶのか、という動機づけがなければ、学習は成功しないとされます。しかもその動機づけは、外から与えられるものでは長続きせず、学習者自身の内面から意欲が喚起されるようでないと、学習に結びつきません。

現在、英語は国際共通語と見なされ、「英語が使えるグローバル人材の育成」は国際競争で勝ち抜くための国家の戦略とされています。したがって、英語の習得が重要であることは、誰もが理解しています。しかしわかっていても、雲をつかむような漠然とした未来計画では、個人として高い意欲を維持することは難しいかもしれません。江戸時代と違って選択肢の豊富な現代ですから、一人ひとりが、「自分は将来、何をしたいか」「そのために英語は必要か」を考えることが大切でしょう。

黒船来航、学習の成果は……?

マクドナルドの帰国から四年後、オランダ通詞たちの英語学習の成果が外交交渉の場で試されるときがやってきました。一八五三(嘉永六)年、提督ペリーの率いるアメリカ東インド艦隊が浦賀に来航したのです。四隻の巨大な「黒船」の出現に、浦賀はもとより江戸中が大騒ぎだったといいます。

幕府が交渉のために派遣した船は、ペリーの乗った旗艦サスケハナ号に横付けされました。オランダ通詞たちは帆柱の旗によって旗艦を知っており、まっすぐサスケハナ号に向かったのです。アメリカの記録によると、その日本船からは「私はオランダ語を話すことができる」という英語が聞こえてきたそうです。この第一声を発したのは、オランダ通詞の堀達之助です。

堀は、のちに英語の教則本『ファミリアル・メソッド』(一八六〇)や本格的な英和辞書『英和対訳袖珍(しゅうちん)辞書』(一八六二)を出版し、幕末を代表する翻訳者・英学者として活躍します。しかしこのとき、堀が公式に話した英語はその一言だけで、あとはオランダ語のわかるアメリカ人通訳者を介して、日本語―オランダ語―英語のリレー通訳が行われました。

この最初の来航では、開港を要求しただけで日本を離れたペリーでしたが、翌年七隻の軍艦を率いて再来日した際には、いよいよ条約の締結を迫ります。この緊迫した外交交渉の場では、堀以外にも、通訳を担当した通詞が複数名いました。ペリーの通訳者であるサミュエル・ウィリアムズの記した『ペリー日本遠征随行記』の二月一五日（嘉永七年一月一八日）には通詞についてこんな感想が残されています。

二時ごろ、若い通訳が一団の同僚と共に訪れた。その大部分の者はまだ艦へ来たことのない連中であり、彼らの目的は主として艦の見学にあった。その中に、長崎から来た、アクセントの上手な、かなりの英語をしゃべる、三人目の通訳がいた。といっても、われわれが艦内の案内を始めるまではあまりしゃべらなかったが、そのときになると、大変好奇心にかられて、よく物を見、かつまた質問もした。[*4]

「生の英語」を学んだのはマクドナルドからで、期間はわずか数ヶ月のみであった通詞が、「かなりの英語を話した」というのです。三月三日（同年二月五日）には、次のような記録があります。

新たな、しかも上位の通訳が（中島）三郎助と訪れた。名を森山栄之助といい、最近、長崎から急遽二十五日間で帰って来たとの話である。ほかの通訳がいらなくなるほど英語が達者で、お蔭でわれわれの交渉は大助かりだ。森山はプレブル号の船長や乗組員の安否を尋ね、ラナルド・マクドナルドは元気だろうか、ほかに彼のことをご存知ないかと質問した。森山は機械を調べていたが、ついには士官室での夕食に腰を落ち着けてしまい、彼の教養の深さと育ちのよさがわれわれに好感を与えた。[*5]

森山栄之助は語学のプロ集団の中でも飛びぬけて優秀だったらしく、ウィリアムズだけでなく、あのマクドナルドもその英語力を絶賛しています。

彼の英語は非常に流暢で、文法にかなってさえいた。発音の仕方は独特だったが、日本語とは異質な文字の組合せを、おどろくほど見事に駆使していた。*6

森山は別格としても、サスケハナ号に第一声を呼びかけた堀達之助も、非公式の場では英語を話していたという記録があります。あの時代に外交の場で英語を話した日本人がいたことは、「英語が話せない」と嘆く現代日本人に、何らかの示唆を与えてくれそうです。日米和親条約は森山が首席通訳を、堀達之助が補佐をつとめた交渉の末、一八五四（嘉永七）年三月に締結されました。その英語力でアメリカ人を驚かせた森山も、正式な交渉に際してはオランダ語で綿密なやりとりを行いました。より自信のある言語を使うことの重要性を言語の専門家として熟知していたのでしょう。

その後、一八五八（安政五）年の日米修好通商条約ほか、イギリス・フランス・ロシア・オランダとの条約締結の際も、通詞が交渉の場で重責を果たしました。こうして日本は、猛烈な勢いで西洋の文物を受け入れ始め、近代化への道を走り出すことになるのです。

外交の場において通訳者の役割が重要であるのは現代でも同じです。プロの通訳者を介さなければ、国益を著しく損なうことすらありえるのです。

ジョン万次郎の「英語漬け」生活

ここで少し時間を戻して、同時代を生きたある人物に光をあてます。黒船来航の二年前、一八五一（嘉永四）年にアメリカから一人の日本人が帰国しました。ジョン万次郎こと中浜万次郎です。

土佐の漁師だった万次郎は、一八四一（天保一二）年、一四歳のとき出漁中に暴風雨にあって漂流し、伊豆諸島最南端の鳥島でアメリカの捕鯨船に救助されました。ほかにも日本人が数名保護されたのですが、最年少の万次郎は非常に利発な少年だったらしく、船長ホイットフィールドにとくに可愛がられたといいます。他の日本人は寄港先のホノルルで降ろされたのですが、万次郎だけ北米東海岸にあるホイットフィールドの家に引き取られました。さらに学校にまで通わせてもらうのですから、よほど能力や人柄を見込まれたのでしょう。この時代にアメリカに長期滞在して現代風に言えば留学とホームステイを体験したという、非常に稀有な日本人です。
　そのジョン万次郎は、帰国後に土佐藩や幕府に出仕するなどしたあと、明治政府に招かれて開成学校の「二等」教授に任ぜられます。一四歳から「英語漬け」の生活を送り、英語は流暢だったはずの万次郎ですが、斎藤兆史(よしふみ)・東京大学教授は、万次郎が滞米七年目にホイットフィールドにあてて書いた手紙を、「集中的に英語を勉強しただけあって、かなりこなれた英文」と評価しながらも、次のように分析しています。

　総じて、口頭での挨拶の文句などはスラスラ出てくるのに、何らかの情報を文章で伝えようとすると途端につまってしまう、そんな感じの筆遣いなのである。(中略)日本語と英語が構造的にかけ離れた言語である以上、言語の発達期を過ぎた日本語の母語話者をただ英語漬けにしただけでは、挨拶はうまくなるかもしれないが、文法的に正しく、内容的に高度な文章を操る英語使いにはならないということである。[*7]

七年間もアメリカにいたのに、「正しく」「高度な」英語を書けなかったというのは信じられないと思う方も多いでしょう。しかし、これはとくに驚くようなことではありません。英語を話したり聞いたりする環境に身を置くだけでは、外交や学問など公式な場で使えるようにはならず、読み書きを意識的に学ぶ必要があるのです。

「読む」「書く」は英語力のかなめ

英語に漬かって生活していたジョン万次郎とは対照的に、オランダ通詞たちが続けていたことと言えば、おもに英語の本の音読や訳読などでした。ブロムホフが伝授した発音にもとづく音読や、オランダ語学習で培った訳読や文法の学習を、オランダ語での業務の傍ら、くり返し行っていたようです。フェートン号事件から黒船来航までの四五年間、地道な「読み書き」の勉強を営々と続けてきたのです。

そんな通詞たちが、黒船来航の際、アメリカ人を感心させるほどの英語を話せたのは、それまでに蓄積された音読や訳読、文法学習などの知識や経験があったからではないでしょうか。マクドナルドから「生きた英語」を教わったとはいえ、わずか数ヶ月のことですから、決定的な要因ではないはずです。むしろ、マクドナルドを唸(うな)らせた彼らの上達の早さは、オランダ語の学習方法に裏打ちされたものと言ってよいでしょう。

一方、現代の日本に目を転じると、相変わらず「日本人が英語を話せないのは、英語教育が読み書き・文法に偏っているからだ」という批判が渦巻いています。しかし実際は、一九八九年の学習指導要領改訂から、学校英語教育は「会話」中心へと方向転換しており、「オーラル・コミュニケーション」に大きく時間を割いています。現在の英語教育は、すでに「読む」「書く」よりも「話す」「聞く」のほうに比重を置いているのです。

にもかかわらず、今でも、学校では英語の文法を学び読んで訳す「文法訳読」が続いているのだという思い込みが根強く、学校英語教育に対する不平不満の声はやみません。その声に押されて、英語教育においては、「文法訳読」が目の敵にされ、オーラル・コミュニケーション偏重の傾向がますます強まっているのが現状です。

英語を「話す」「聞く」機会などめったになかったオランダ通詞が英語を話せたのは、「読む」「書く」学習で基礎力を身に付けていたからだ、ということを忘れてはなりません。オランダ語を専門とする長崎通詞たちは、第二外国語である英語を新たに学び、外交の場で活躍して、開国の危機を乗り越え明治の近代化に少なからず貢献したのです。

現在の日本での英語教育は会話主体ですが、さほどの英語力もないまま、その場限りで会話の授業をこなしても、十分な学びとはいえません。そのことに気づかないまま卒業して外資系の会社に就職した人は、いきなり壁にぶつかることになります。英会話の能力を云々する前に、上司への伝達、報告書作成、Eメールなど、英語で文章が書けないことには日常業務が進まないのです。そのため、卒業してから「ライティングをやっておけばよかった」という声をしばしば聞きます。英語でまとまりのある文章を書く必要は大きいのです。

江戸時代の英語教育史を振り返ると、外国語、とくに英語のように日本語と言語体系がまったく異なる言葉を習得するためには、読み書きが不可欠であることを、あらためて思い知らされます。

2 近代化に揺れた英語

明治初期のイマージョン教育

黒船来航を機に開国に至った幕末の日本では、欧米の近代文明を吸収しようとする動きが活発化しました。幕府は一八六六（慶応二）年、二〇〇年以上に及んだ国民の海外渡航禁止を緩和し、学術研究や商業のための海外渡航を許可します。以後、留学生や使節団などが欧米へさかんに派遣されました。

明治維新（一八六八年）をはさんだ一八七一（明治四）年に出発した岩倉使節団は、一年九ヶ月かけてアメリカとヨーロッパを巡った大規模な一行でした。右大臣岩倉具視（ともみ）を全権大使とし、副使の木戸孝允（たかよし）、大久保利通（としみち）、伊藤博文ら政府要人や官僚が数多く名を連ねています。まだ新政府は誕生したばかりでしたが、そうまでして近代化を早期実現しようとしたのは、日本が独立国家として先進諸国と肩を並べられるか否かの瀬戸際だったからでしょう。思えば、明治の政治家は大胆なことをしたものです。

岩倉使節団は各国を精力的に視察してそれぞれの優れた文物(ぶんぶつ)を学び、帰国後その成果を日本の政治・経済・法律・教育などの分野に次々と反映させました。こうして、日本は急速に近代国家としての体裁(ていさい)を整えていくのです。

その一環として、明治新政府は高等教育を受けるエリートたちに西洋の学問を学ばせることを決めました。そこで、欧米から外国人教師を大量に雇い入れ、それぞれの国の言葉で授業を行わせるという政策をとったのです。教科によってフランス語やドイツ語も使われましたが、主流は英米人による英語での授業でした。英語などの外国語を教えるのではなく、外国語でさまざまな科目を講義したのです。東京大学の前身の一つ大学南校では、お雇い外国人[*8]一九名のうち一四名が英米人で、一八七一(明治四)年から理系・文系を問わず多くの教科が外国語で講義されていました。毎日六時間ほど外国語を聞いているのですから、学生にとっては留学しているようなものです。しかも毎日の授業の最後には必ず「翻訳」の時間があり、その日に学んだ授業内容を日本語に訳して確認するのです。内容を学ぶための外国語であることが良くわかります。

また、東京・愛知・大阪・広島・長崎・新潟・宮城に官立の外国語学校も設立されました。これらすべてが一八七四（明治七）年には「英語学校」[*9]と改称しており、やはりすべての授業を英語で行っていました。

現代の日本でも、全教科を英語で授業する「イマージョン教育」が一部の学校で行われていますが、そのはしりは明治初期だったのです。この時期に教育を受けた世代には、内村鑑三、新渡戸稲造、岡倉天心、斎藤秀三郎といった英語の達人が名を連ねます。

そんなイマージョン教育全盛期に、のちに初代文相となる森有礼は「国語英語化論」を発表しました（一八七三）。世界を席巻している言語は英語なので、英語を使いこなせなければ日本は植民地にされかねない、というのがその主旨です。当時英国留学中だった馬場辰猪が、すぐさま自著の『日本語文典』の序文で反論を発表したのを皮切りに論争に発展しました。

明治初期には、私立の英語塾も続々と設立されました。一八七三（明治六）年には、東京府内だけで一〇〇〇校を超える私塾があったといいます。開国前の学習環境が嘘のように、日本にはあっという間に「英語学習熱」が広まっていくのです。

庶民に広がる英語フィーバー

一八五九（安政六）年に開港した神奈川（横浜）、長崎、箱（函）館のほか、神戸などにも外国人居留地が設置され、外国人客とやりとりするための実用的な英語の需要が高まりました。一八六〇（万延元）年に出版された英語教本『ゑんぎりしことば』[*10]には、早くも商用英語が取り上げられています。ただ、その英語はカタカナ表記で、発音も内容も、今の感覚からすると相当ずれたものでした。たとえば、次のような会話例があります。

われハ、おもふに、かれハ、いへに、ゆきし
アイ、ベリイウ（おもふ）、ヒイ、イス、ゴーン、ホーム（いへ）

かれらハ、かれの、いへに、おられたり
ヅエイ、ハフ（おつたり）、ベン、ヱット（に）、ヘル（かれの）、ホース（いへ）

三丁目に、おいては、いかなるか

ホワット、イス、イン、ヅェ、シルチ、ステリート

こんな調子では会話が成立したと思えませんが、商いの現場では型破りな英語がまかり通っていたのでしょう。横浜の街では、床屋の看板に"Head Cutter"とあり、これでは「頭を切る人」の店です。こんなおかしな英語がよくあったそうですが、これは現代でもしばしば見られます。「記念写真を撮りましょう」と言いたくて、「メモリアル・ピクチャー」などというと、その場から笑顔が消えかねません。この英語は葬式で飾る写真を思わせるからです。また、近頃はやりのフリーマーケットですが、がんばって英文表記にしたかったのか"free market"と書かれているときがあります。素人が自由に売り買いする様子から勘違いしたのかもしれませんが、正しくは"flea market"で「蚤(のみ)の市」のことです。私たちも明治の英語を笑えません。

明治維新後は、庶民の間にも英語学習の気運が広まり、多くの人が私塾に通ったものと思われます。一八七二(明治五)年の東京日日新聞には、ある宴席に招かれた一八歳の芸者が「客は何(いず)れも書生とて残らず英語のミ用ひければバ(中略)少しきまりのわるさに只(ただ)ぽ

つねんとして」、客たちが笑い興じるのも解らずまじめにお座敷をつとめたが、帰宅後一念発起、「忽ち髪の具調度をば売払ひ学費に充て其翌日より愛宕下某の義塾へ日々十二字（時）まで通学」してめきめき上達したという記事が見られます（四月一六日付）。

庶民に飛び火した「英語熱」は、当時の都々逸（どどいつ）にも表れています。

スリトプ（眠ル）（sleep）うちさへおまへのことをフオルゲット（忘る）（forget）のひまハない

まことリツトル（少き）（little）おまへとしらず実（じつ）をつくしたテルリフル（おそろしき）（terrible）

レフト（右（ママ）と）（left）ライト（左（ママ））（right）に月花と見てくらすお前のハルト（こゝろ）（heart）では[*11]

カタカナ英語を日本語に紛れ込ませた珍妙な都々逸ですが、考えたら現代日本のポップスも同じようなものです。英語は文明開化を象徴するハイカラな言葉で、それを取り入れるのが流行の最先端という気分は、今もカタカナ語の使用という形で続いています。

この英語ブームを受けて、大衆向けの英語学習書もさかんに出版されました。とくに一八七〇（明治三）年から数年間は、『袖珍英和節用集』『童解英語図会』『通俗英学入門』『和西十体以呂波』など多くの英語学習書が発行されています。しかし、その中には単語や文法が間違いだらけの粗悪本も少なくなかったようです。英語教材が濫造され玉石混交の状態にあること、これもまた現代に通じる英語事情と言えます。

福沢諭吉の英語ショック

明治期の英語私塾の中には、のちに名門大学へと発展したところも少なくありません。なかでも有名なのは、福沢諭吉が創設した慶應義塾です。

福沢諭吉は、緒方洪庵の「適塾」で蘭学を学びました。築城学のオランダ語原本を翻訳して学費を捻出するなど貪欲に勉強し、入塾後わずか二年で塾頭になります。そして一八五八（安政五）年には、江戸に出て蘭学塾を開きました。しかし、ある日を境にオランダ語に見切りをつけます。その日のことを、福沢は『福翁自伝』の中でこう振り返っています。

> 私が江戸に来たその翌年、即ち安政六年、五国条約と云うものが発布になったので、横浜は正しく開けた計りの処、ソコデ私は横浜に見物に行た。その時の横浜と云うものは外国人がチラホラ来て居る丈けで、掘立小屋見たような家が諸方にチョイ〳〵出来て、外国人が其処に住で店を出して居る。其処へ行て見た所が一寸とも言葉が通じない。此方の云うことも分らなければ、彼方の云うことも勿論分らない。店の看板も読めなければ、ビンの貼紙も分らぬ。何を見ても私の知て居る文字と云うものはない。（中略）
>
> 横浜から帰て、私は足の疲れではない、実に落胆して仕舞た。是れは〳〵どうも仕方がない、今まで数年の間、死物狂いになって和蘭の書を読むことを勉強した、その勉強したものが、今は何もならない、商売人の看板を見ても読むことが出来ない、左りとは誠に詰らぬ事をしたわいと、実に落胆して仕舞た。[*12]

このとき福沢は二五歳。必死になって覚えたオランダ語が通じないことにショックを受けましたが、すぐさま立ち上がり、「何でもあれは英語に違ひない」「此後は英語を読むより外に仕方がない」と決意します。そして、江戸中で最も英語が達者な人物であったオランダ通詞・森山栄之助（このときは幕臣・森山多吉郎）に教えを乞います。ところが森山は外交業務で多忙だったため、諭吉はやむなくほぼ独学で英語を学び、なんと翌年には私塾で英語を教えるまでになりました。一八六八（慶応四＝明治元）年、この塾は「慶應義塾」と改名されます。

二五歳からと遅い年齢で英語を学び始めた福沢諭吉は、教え子たちが指摘するように、オランダ語なまりが抜けきらない英語だったようです。また一八六七（慶応三）年の渡米に際しては、過去二回の洋行経験と英語力を理由に正使の小野友五郎（ともごろう）に翻訳御用（書記官）として採用してもらったのですが、小野は福沢の会話力と和文英訳は公務の遂行には役に立たないと感じたようです。[*13] しかし福沢は、英語を読むこと、読んで理解して自分自身の血肉とすることに優れた才能がありました。その才能は、数々の翻訳や海外文献を基とした啓蒙書の執筆に力を発揮し、福沢諭吉は日本の翻訳文化の黎明期（れいめいき）を牽引（けんいん）していくのです。

民衆を啓蒙した翻訳文化

幕末から明治にかけては、翻訳書がさかんに出版された時期でもあります。欧米の近代文明を輸入するために、国が事業としてどんどん翻訳・出版を行っていたのです。その結果、さまざまなジャンルの洋書を誰もが日本語で読めるようになり、西洋文明や近代思想が普及する助けとなりました。現在、日本は翻訳大国と言われていますが、その出発点は明治時代にあったのです。

福沢諭吉は、渡米（一八六〇、一八六七）・渡欧（一八六二）していますが、そのたびに大量の洋書を買い漁(あさ)り、読みふけり、帰国後に次々と翻訳・著作を進めていきました。福沢の翻訳文は、いわゆる「翻訳調」ではなく、平易な言葉づかいで読みやすいと評判でした。

ただ、訳語の選択には苦労したようです。たとえば、"society"を「世間様」と訳してしまっては、日本語にない新しい概念が伝わりません。これは、福沢に限らず多くの翻訳者たちが頭を悩ませた問題です。彼らは苦心の末、これまで日本になかった概念を表現する新しい言葉を数多く生み出しました。“society”は、「交際」「仲間」「会社」などとも訳され、やがて「社会」に落ち着きました。ほかにも「自由」「個人」「恋愛」「存在」「権利」などという訳語が生まれ、それによって新しい概念が浸透していったのです。私たちが現在よく使っている言葉の中には、明治時代に考案され定着したものが多々あります。

ところで、日本に翻訳文化が花開いたのは、古くから漢学を学んでいたことと関係があるように思います。漢文に返り点を打ちながら読むという日本式の漢文訓読法は、蘭学の学習法に応用され、英語の訳読法にも引き継がれました。福沢諭吉も、漢学の素養があったから、英語から日本語への翻訳に秀れた能力を発揮したのかもしれません。

明治政府の極端な方針転換

国をあげての猛烈な英語教育政策は、早くも一八七七（明治一〇）年前後に転換期を迎えます。一八七二（明治五）年に学制が発布され、教育制度が整備されるにつれて、外国人教師は徐々に姿を消していきました。外国語漬けの授業によって養成された日本のエリートや帰国した留学生たちが、「お雇い外国人」に代わって教鞭をとるようになったからです。その影響で、官立英語学校も、一八七七（明治一〇）年には東京・大阪を除く五校が創立わずか三年にして閉鎖されました。[*14] 東京大学では、一八八三（明治一六）年時点で、六年前に三一名いた外国人教師が一三名にまで減少しています。

この大幅な政策転換の要因の一つは、一八七七（明治一〇）年に勃発した西南戦争[*15]による財政逼迫です。給料の高いお雇い外国人から日本人教師に切り替えることで、出費が抑えられたのです。

ただ、明治政府はもともと外国人教師を早々に帰国させるつもりだったかもしれません。そもそも外国人教師を雇ったのは西洋の学問・技術を導入するためであり、学生の外国語学習のためではありません。結果的に外国語習得に結びついたわけですが、日本人教師が養成され、日本語で教科書が作られるようになったら、本来の目的は達成されたのです。おそらく政府首脳は、最初から短期決戦のつもりで思い切った投資をしたのでしょう。

一方、鹿鳴館時代に象徴される極端な欧化主義政策は、反動として国粋主義的な時流を招きました。一八八二（明治一五）年創立の東京専門学校（現・早稲田大学）では政治経済や理学などの授業を日本語で行うことが謳い文句とされ、翌年、東京大学では英語による授業が廃止されました。一八八五（明治一八）年には内閣制度が発足し、初代伊藤博文内閣が発足して「教育の国語主義化」を打ち出しました。文部大臣に就任したのは、あの「国語英語化論」を説いた森有礼です。森は、一二年前とは打って変わって「邦語を以って各教科を教育すべし」という「外国語制限論」を掲げました。

こうして、日本の公立の学校教育の現場から「イマージョン教育」が消えていったのです。ただしミッションスクールなどキリスト教系の私立学校では、外国人宣教師による教育が行われていました。

明治にもあった小学校教育

中等・高等教育の担い手が外国人から日本人に切り替わっていったことで、学生の英語力は明らかに低下していきました。先述したとおり、一八七七（明治一〇）年以前の教育から英語の達人が輩出されているところを見ると、当時のイマージョン教育には英語習得効果があったのでしょう。

しかし、極端な英語偏重教育は日本語の能力に弊害を生じさせかねないものでもありました。英語の達人の一人、内村鑑三について弟子の畔上賢造は「若い時先生は、日本文が思ふやうに書けなくて、英文の方はすら〳〵と書けた」と述懐しています。[16] 福沢諭吉も、「漢書を読まずに英語ばかりを勉強するから、英書は何でも読めるが日本の手紙が読めないというような少年が出来て来た」と指摘しています。[17]

この傾向は、とくに年少時に英語漬けの生活を送った人物に顕著でした。たとえば、女子英学塾（現・津田塾大学）の創設者である津田梅子は、女子留学生の一員として岩倉使節団とともに七歳で渡米し、一一年間アメリカに暮らしました。帰国後は、家族と話すときにも通訳者を介するほど日本語に不自由したそうです。英学者として名高い神田乃武も、一四歳から九年近くアメリカで生活し、やはり帰国時は日本語を忘れていたといいます。比較文学者の太田雄三氏によると、両者は「英語が完全に母語化したため、終生日本人あてにも英語の手紙を書きつづけた」とのことです。[18]

子どもの英語と言えば、二〇二〇年から小学校で英語が教科となりますが、実は、小学校での英語教育は明治時代にも行われており、すでに問題が起こっていたようです。明治初期から一部で行われていた「小学校英語」は、一八八六（明治一九）年、高等小学校（一〇～一四歳）ができてから都市部を中心に広まりました。しかし、早くも一八九四（明治二七）年、岡倉天心の弟であり英語学者の岡倉由三郎（よしさぶろう）[*19]によって、その弊害が指摘されています。[*20]その論拠を日本英語教育史学会会長であった伊村元道（もとみち）氏の要約でみてみましょう。

1　日本語の習得すら不十分な小学生に外国語を教えるのは弊害が少なくないこと。
2　外国語教授に十分な支出ができないので、不適当な教師しか雇えないこと。
3　小学校だけで終わる生徒が多く、外国語に費やした時間が無駄になること。
4　中学に進む一部の生徒のために随意科として設けても、別途の労力を費やすこととなり、訓育上弊害を生じやすくなること。[*21]

これらは、現代にも通じる問題です。条件整備が不十分なまま、問題山積であるにもかかわらず小学校英語の教科化が始まろうとしている現状を見ると、一〇〇年前にも同じようなことをしていたのに、なぜ歴史から学ぼうとしないのか不思議です。

明治四〇年代、当時の文部省は小学校で英語を必須科目にするか、もしくは全廃するかの検討に入りました。調査の結果、数々の弊害が発見されたようで、小学校英語は一九一二(明治四五)年、いったん廃止されることになります。

英語教育は抑制から廃止論へ

外国人による外国語を使っての教育から、日本人による日本語での教育に切り替わるにつれて、英語教育は様変わりし始めます。英語を自在に操ることができなければ、どんな知識も得られない、という時代は去ったのです。日本人は、英語なしでも西洋の学問を学ぶことが可能になりました。

そのことによって日本における英語学習は、教養的傾向を強めていきます。英語学や英文学といった分野が花開き、明治二〇年代から三〇年代にかけてさらに専門性の高い学問へと発展しました。一部のエリートたちにとって、学校英語は「実用的な英語」から「教養としての英語」へと移り変わっていったのです。

一方、一九〇二（明治三五）年の日英同盟締結、一九〇五（明治三八）年の日露戦争勝利を機に、一般庶民の英語人気が再び高まりを見せるようになりました。英語雑誌が次々と創刊され、一九〇七（明治四〇）年には出版社「英語研究社」（現・研究社）が設立されました。神田にあった私立の正則英語学校（現・正則学園高等学校）は、日英同盟後に最高で五〇〇〇人超もの生徒を抱えていたといいます。

ところが、政府の英語教育方針は巷（ちまた）の英語ブームと逆行するものでした。一九〇七年、文部省は全国の師範学校に英語教育の抑制を促す訓令を出しました。「英語は元来学習に困難なる学科目」だから、「学力に余裕ある者又は語学の才幹ある者」以外が「世の流行に倣ひて之を学習するが如きは深く戒むべき」[*22]というものです。明治中期以降、学生の英語力が低下の一途をたどっていたことが、「英語は元来学習に困難」との認識を招き、英語教育を縮小する方向へ向かったのです。

先に登場した岡倉由三郎は、『英語教育』（一九一一）の中で、自らの子どもたちの姿に見た英語習得の難しさを嘆いています。

長男は中学に入つて英語を学ぶこと此に五年、次女は学校で裁縫の稽古すること同じく五年、同一歳月を費したる今日、各其進歩の状況を比較するに、兄の方は普通な英書も読めず、卑近な英文も書けず、五年間の修業は、殆ど何ら纏まつたる形跡を遺さゞるに、妹の方は之に反して、一通は着物も縫へる、羽織袴の仕立ても可なりに間に合ふ、五年の稽古は確かに相当の効果を収めて居る。[23]

「英語習得は難しい」という認識が広まる中、さまざまな学習方法が模索される一方で、「英語に時間を割くのは無駄ではないか」という英語不要論がささやかれ始めます。そして、大正時代には対米関係悪化[24]にともなうナショナリズムの台頭と結びつき、「いっそ英語をやめてしまおう」という英語教育廃止論にまで発展するのです。

その少し前、明治もまもなく終わろうとする頃、独自の英語教育論を投げかけた人物がいます。明治を代表する文豪・夏目漱石です。

漱石の英語教育論

夏目漱石が初めて本格的な英語教育を受けたのは、一八八三（明治一六）年頃、一六歳前後で大学予備門受験の予備校・成立学舎に入学してからでした。英語を学び始めたのが比較的遅かった漱石は、猛勉強の末、大学予備門を経て帝国大学文科大学英文科に入学、一八九三（明治二六）年には英語教師となります。約二年半のロンドン留学をはさみ、計十数年間ほど松山中学、熊本第五高等学校、東京帝国大学などで教鞭をとりました。学生時代から教師時代、そして作家となってからも、英語教育論を展開しています。

そんな漱石が晩年、一九一一（明治四四）年に記した英語教育論が「語学養成法」です。

私の思ふ所に由ると、英語の力の衰へた一原因は、日本の教育が正当な順序で発達した結果で、一方から云ふと当然の事である。何故かと云ふに、吾々の学問をした時代は、総ての普通学は皆英語で遣らせられ、地理、歴史、数学、動植物、その他如何なる学科も皆外国語の教科書で学んだが、吾々より少し以前の人に成ると、答案まで英語で書いたものが多い。吾々の時代になつても、日本人の教師が英語で数学を教へた

例がある。（中略）

処が「日本」と云ふ頭を持つて、独立した国家といふ点から考へると、か丶る教育は一種の屈辱で、丁度（ちょうど）、英国の属国印度（いんど）と云つたやうな感じが起る。日本のnationalityは誰が見ても大切である。英語の知識位と交換の出来る筈（はず）のものではない。従つて国家生存の基礎が堅固になるにつれて、以上の様な教育は自然勢ひを失ふべきが至当で、又事実として漸々（ぜんぜん）其の地歩を奪はれたのである。[*25]

ここには、英語に対する鋭い洞察があります。つまり、外国語で教育を受けるのは独立国としての威信に関わる問題であり、それを止めることで英語力が低下するならば仕方がない、ということです。その裏には、やむなく英語で授業を行っていた時代と単純に比べることの愚かしさも暗に示されています。

こうして振り返ってみると、現代の英語教育に関するあらゆる問題は、明治時代に出尽くしていたことがわかります。英語公用語論、教材の濫造と質の低下、イマージョン、外国人教員と日本人教員、小学校英語、英語学習と日本人としてのアイデンティティ、実用か教養か、英語教育の目的……ここには紹介しきれませんでしたが、少人数制クラスや教員の質的向上の必要性も、すでにこの時代に提言されていました。そして、漱石が語った「外国語習得とナショナリズムの関係」も、時代を超えて考えなければいけない問題です。時代や社会的コンテクストが異なるのでそのまま同じことをするわけにはいきませんし、批判の対象となる思想や主張があるにせよ、明治という時代の経験に私たちはもっと目を向け、その反省を踏まえて将来の方向を議論しても良いのではないでしょうか。

3 〝敵性語〟の時代

戦争中、英語は御法度だった?

英語が一気に普及した文明開化期から明治、大正、昭和と時代が進むにつれ、日本の英語教育は対米・対英関係に大きく揺さぶられるようになります。とくに太平洋戦争開戦前後からは、英語は敵性語や敵国語などと呼ばれ、新聞やレコード、駅の案内表示などから消えていきました。野球用語の「セーフ・アウト・ファウル」が「よし・ひけ・だめ」に言い替えられた、などという話は有名です。
　ところが、そんな戦時下でも英語を教えていた学校があったのです。私がそれを知ったのは、同時通訳者のパイオニアである國弘正雄氏[*26]と村松増美氏[*27]に、ライフヒストリー・インタビューを行ったときです。一九三〇（昭和五）年生まれの両氏は、太平洋戦争中に英語を習っていたと、その内容を詳しく語ってくれました。[*28]
　この話は私にとって驚きでした。それまで、戦時中に学校生活を送った人たちから聞いていたのは、「英語なんてとんでもない、という時代だった」「時代のせいで英語ができなくなってしまった」という話でした。また、私の母はシンガポールで一〇代を過ごした帰国子女ですが、日本に帰国後は「英語をいっさい忘れろ」と商社勤務だった父親から言われたそうです。私に限らず、あの時代は英語が御法度（ごはっと）だったと思いこんでいる人は多いのではないでしょうか。
　はたして英語の授業は本当に行われていたのか。私は二〇一〇年に、『週刊新潮』誌の「掲示板」ページでその疑問を掲げ、体験談を募集しました。すると、「英語教育が禁止になったというのはデマです」という大阪府立市岡中学出身(一九四五年入学)の方や、「佐世保は軍港で英国を規範とする海軍の町です。敵性語を排除するような風潮はありませんでした」という佐世保中学出身(一九四二年入学)の方など、全国から五〇通ほどのお便りが寄せられたのです。その中には、京都府立京都第一高等女学校本科(一九四二年入学)で週四時間の英語があったという方や、日本語なしの英語の授業であったという札幌第一中学(一九四二年入学)の例までありました。数十例とはいえ、戦時中にも日本各地で、しかも、いろいろな学校で英語教育が存続していたのです。

なぜ「敵性語」のはずの英語が学校で教えられていたのか。そして、なぜ一方では当たり前のように英語教育を受けていたのに、他方では「英語なんてとんでもない」と思わされていたのか。その謎を解くために、私は和歌山大学の江利川春雄教授を訪ねました。

謎を解くキーワード

江利川氏は私の質問に対し、次のように明快に答えました。

「政府の政策がダブル・スタンダードだったのです」

それは、私がいちばん知りたかったこと、確認したかったことでした。それを聞いたとき、やはり、これが謎を解くキーワードだったのだと確信したのです。「ダブル・スタンダード」、つまり、当時の政府は英語教育について「二重の基準」を設けていたということです。政府の建前と本音とは違っていたのです。

一般国民に対しては米英への敵愾心を煽るため、「鬼畜米英」「英語は敵性語」というイメージを植えつけていく。政府のプロパガンダが功を奏して新聞などで英語使用が自粛され、やがて「英語を使用するのは非国民」といった雰囲気が社会に醸成されていきました。

その一方で、中等教育以上のエリートたちに対しては、国の将来を背負って立つリーダーとして育てるため、広い視野で世界を学ばせなければならないという政府の思惑があったようです。そういう人たちにはきちんと英語教育を行っていたわけです。それは、工業や商業などの職業系学校の生徒たち、陸海軍の士官学校生などについても同様でした。

実際にダブル・スタンダード教育が行われていたことは、戦時下の多種多様な教科書などを見れば、一目瞭然です。それらの実物が、あの時代の教育政策の実態を雄弁に語りかけてくれます。

江利川氏との対談を通して知りえたことを踏まえながら、かつ、「ダブル・スタンダード」というキーワードを念頭に置きながら、ここからは、もう少し詳しく謎解きを進めていきましょう。

削減される英語の授業時間

大正時代に英語廃止論が巻き起こった背景には、第一次世界大戦による戦争景気や、アメリカでの排日運動活発化などによって起こった日本国内におけるナショナリズムの台頭があります。昭和に入ると、一九三一（昭和六）年には満州事変[*29]が勃発し、日本は軍国主義に傾いていきました。

その一九三一年、文部省は中学校の英語の授業時間数を削減しました。四年生以上を就職コース（第一種）と進学コース（第二種）の二つに分類し、英語を学校選択科目としたのです。旧制中学校は五年制で、今の中学一年から高校二年までにあたります。当時の一週間の英語の授業時間数を一九一九（大正八）年と比較してみると、進学コースで英語選択校であった場合のみ、合計時間数が一九一九年と同じ二四～三〇時間ですが、ほとんどの場合、計二〇～二六時間に減少しています。一九四三（昭和一八）年には、中等学校令[*30]により中学校・高等女学校・実業学校が中等学校に包括されました。四年制となった中学校の英語の授業時間数は計八～一六時間とさらに減少します。

女子の学校では、とくに英語縮小の傾向が加速化しました。戦時下において、女子生徒は裁縫など実用科目の履修を求められていたからです。一九四二年、文部省により高等女学校の外国語が随意科目となり、授業は週三時間以下に制限されました。これを受け、各地で高等女学校や職業系女子校の英語削減、または全廃が進められました。同様に、師範学校や農業学校などでも、地域や学校ごとに削減や廃止が見られました。

こうして見ると、戦時中は英語の授業がどんどんなくなり、私たちがイメージする「英語は御法度」の状況に近いように思えます。しかし、国が提言したのは英語の授業の削減であり、禁止ではありませんでした。そのことは、当時の英語教科書目録が物語っています。

一九四三（昭和一八）年度に中学校で使用された英語教科書の一覧を見ると、「読本」「作文」「文法」「習字」の教科書がそれぞれ五種類ずつと、「副読本」が一九種類、合計三九種類もの教科書がずらりと並んでいます。[*31] 他にも、高等女学校では計二八種類、実業学校では計三五種類、師範学校予科では計一四種類もの教科書が発行されています。昭和一八年と言えば太平洋戦争の真っ最中ですが、「敵性語」であるはずの英語の教科書がこれほど多く発行されていたのです。

文部省は終戦前年の一九四四（昭和一九）年まで英語教科書の検定も行っていました。少なくともその前年までは中等英語科の教員試験も行っています。戦時中でも数多くの英語教科書が発行されており、国がその検定をしていたということになります。ちなみに、一九四三（昭和一八）年に発足した中学校と高等女学校の「中等学校外国語科教授要目の解説」には、次のように説明されています。

今やわが国は総力を挙げて大東亜戦争の完遂と大東亜共栄圏の建設とに邁進（まいしん）してい

るのであるが、これ等の広大な地域の民族に日本精神を宣揚し、日本文化を紹介して、わが国の真意を理会せしめ、大東亜の新建設に提携協力せしめるには、日本語の普及と共に外国語の利用をも考へなければならぬ。[*32]

ここには、さらに「外国文化を摂取してわが国文化を昂揚し」、大東亜共栄圏に「豊かな文化を発達せしめ」るために、「外国語の修得は必須」であるとまで説かれています。日本が国際的に発展するために、英語が必要だということを、政府が説いていたのです。

みんな『クラウン』を読んでいた

そんな戦時中に使われていた英語教科書の一部を紹介しましょう。

まずは"The New King's Crown Readers"（三省堂、一九四三年修正版）、通称『クラウン』です。これは戦前最もよく売れた教科書と言われているもので、執筆者は神田乃武です。戦前の検定教科書点数を執筆者別に見ると、神田乃武が六四点で群を抜いていました。一九四三（昭和一八）年版の発行当時、神田はすでに亡くなっていたにもかかわらず、その知名度にあやかって改訂版が出し続けられていたというわけです。

私に送られてきた体験談の中にも、「三省堂の『クラウン』を使っていた」という報告が多くあり、表紙のコピーが同封されたお便りもありました。「神田乃武」とともに『クラウン』の名は、戦前・戦中の教科書を代表するものだったようです。

一九四三年版『クラウン』第四巻には、"ITALIAN ARTISTS"と題した一課があり、ミケランジェロの「最後の審判」やレオナルド・ダ・ヴィンチの「モナ・リザ」などが英文で解説されています。第四巻というのは中学四年生用で、今の高校一年にあたる生徒が使ったものです。

中学三年生用の第三巻では、"SPORT IN ENGLISH SCHOOLS"と題し、ラグビーやクリケットを紹介しています。イギリスとの戦争が始まっていたにもかかわらず、イギリスのスポーツを扱っているのです。世の中では野球の「セーフ」を「よし」などと言い替えているのに、エリート候補生は敵国のスポーツについて、しかも敵性語で教わっていた。まさにダブル・スタンダード政策の表れと言えるでしょう。

一九四三年版『クラウン』は、翌年の帝国議会で、タイトルに「キングス・クラウン」、つまり「英国王の王冠」と掲げているのは英国礼賛であると糾弾され、急遽（きゅうきょ）“Kanda's English Readers”と改題されました。神田乃武の名をタイトルに残して生きながらえたのです。

戦時中の英語教科書

この時代の『キングス・クラウン』シリーズには、ほかにソクラテスが登場する哲学の話やオリンピックの話、初の大西洋横断飛行の物語などが掲載されています。国際色豊かで教養主義的な内容であり、まったく戦時色を感じさせません。

「同時通訳の神さま」と呼ばれた國弘正雄氏は、中学生の頃使っていたクラウンが、極めて教養豊かな内容だったと語ってくれました。ロンドンの街を描写した英文を読み、「ロンドンっていい所だな、行ってみたいな」と夢をふくらませながら英語の勉強をしていたそうです。

「ミスター同時通訳」として知られた村松増美氏も、やはり中学生のとき、英語の先生が『マクベス』を朗々と読み聞かせてくれたことが後々まで役立ったと語りました。物語の内容や表現やリズムを覚えていたので、大学でシェイクスピアを勉強したときにすんなり理解できたのだそうです。

両氏が同時通訳者の道へと進んだのは、中学生時代に英語や英語圏の文化、文学に魅了され、興味をもって勉強したことが影響しているようです。私に寄せられた体験談の中にも、「教科書は『クラウン』、副読本でアンデルセン童話集を読み、授業は週に五、六時間ありました」という旧制中学校（一九四三年入学）出身の方がいました。戦時中は、文学的な教材を使うことが珍しくなかったことがわかります。

一方、現代に目を転じると、中高生の教科書はコミュニケーション重視の方針に沿って簡単な会話文が中心となっています。文学作品などは、最近は副読本でも扱われることが稀(まれ)です。英語教科書の「文学離れ」について、江利川氏は次のように詳述しています。

一九四八（昭和二十三）年の『教科用図書検定基準（案）』では、高校卒業時の到達目標の一つが「外国語の標準的な現代文学作品が読めること」だった。ところが、一九五二年版の指導要領では、教材が「文学面に限られることは必要でもないし、望ましいことでもない」と文学偏重にクギをさしている。一九五五（昭和三十）年に日本経営者団体連盟が「シェークスピアより使える英語」への転換を要望すると、脱英米文学への政策誘導が加速する。高校用学習指導要領の題材規定を見ると、（中略）一九七〇年版では「説明文、対話、物語、伝記、小説、劇、詩、随筆、論文、日記、手紙、時事文など」となっていたが、一九七八年版では「説明文、対話文、物語形式、劇形式など」となり、伝記、小説、詩、随筆などの規定が消えた。*33

さらに江利川氏は、文学作品を掲載する際、学習指導要領に沿わない用語や文体が改変された例をあげ、「文学の持つ文体や言語的な面白さが殺ぎ落とされてしまった」と嘆いています。これは、本当に惜しいことだと私も思います。

文学を読めば、さまざまな人生や生きざまを疑似体験することにもなり、人間の心のひだを学ぶことになります。英語で文学を読むのは難しいかもしれませんが、読んでみれば、わからないながらも心惹かれる、ということはありえますし、それが英語を学びたいという動機づけにつながる可能性もあります。

感性が豊かで記憶力に富んだ若い時期に、どんな教材で勉強するかは肝要です。少しばかり難しくても、内容が充実していて読みごたえのある教材を与えて、感性に訴えることも大切ではないか。戦時中の教科書が今より教養豊かであったことを知るにつけ、そう思わずにはいられません。

ESPに特化した職業系学校の英語

戦時中の英語教科書に話を戻すと、当時は職業系の学校用にも英語教科書が作られていました。江利川氏は、一九四二（昭和一七）年頃の中等学校レベルの英語履修者のうち、職業系の学校（実業学校、青年学校など）の生徒は過半数を占めると推計しています。ただし、そこで使われていた教科書は、『クラウン』などとはまったく趣の異なるものでした。『工業英語教程』[*34]は、陸軍の兵器を製造する工員の養成学校で使われていたものです。海軍はイギリス軍を、陸軍はドイツ軍を規範としていたので、一般に陸軍系の組織は英語を使わなかったと思われがちですが、そんなことはありません。当時の優良な工作機械はほとんどイギリス製かアメリカ製で、マニュアルは英語で書かれていました。『工業英語教程』の中身を見ると、たとえば「電動機連結万能フライス盤」という複雑な機械の四〇以上ある部品の名称が、すべて英語で書かれています。

"THE PRACTICAL KOGYO READERS 1"[*35]は、一般の工業学校で使われていた教科書です。「レッスン3」には、初心者向けの簡単な英文が並びます。

This is a steamer.
That is an airplane.
This is a nut.
That is a bolt.

一見、ふつうの初級英語のようですが、題材が汽船、飛行機、ナット、ボルトになっているところが工業学校用ならではです。

次に商業学校用の教科書には、文部省検定教科書の『英文通信』[*36]があります。英語のビジネスレターの書き方を教えるという、まさに商業に特化した教科書です。文書の書式は完全に英語式なのですが、国名が「ジャパン」ではなく「ニッポン」、“Japanese”とするべき部分は“Nipponese”とあります。日付の部分は、たとえば“6 june, 2603”となっています。「二六〇三年」は、西暦ではなく皇紀であり[*37]、こんなところに戦時色がうかがえます。この教科書は、今の高校一年生か二年生にあたる生徒が使ったものですが、内容や分量は現在なら大学レベルと同等の、高度なものです。

これら職業系学校用の教科書は、旧制中学校などの教養主義的な教科書とは対照的に、ほとんど実用一辺倒だったことがわかります。特定の目的のための英語をＥＳＰ（English for Specific Purposes）と言いますが、職業系学校ではまさにＥＳＰに特化した教育が行われていたのです。そこには、戦争遂行のために海外の技術や機械に依存せざるをえない国家の切実な要請がありました。

職業系学校で高度な専門英語がしっかりと教えられていたこと、それを修得した人たちがいたことは、戦後の復興期を支える礎（いしずえ）となりました。壊滅的な被害を受けた日本が急速に復興を遂げられた一因は、続々と入って来る外国の新しい技術を、英語で学べる技術者たちが育っていたことにもありそうです。

戦況に揺れる英語教科書の内容

戦争末期の一九四四（昭和一九）年ともなると、英語教科書にも時勢が濃厚に表れます。同年に検定認可された『英語　中学校用』第一巻[*38]を見ると、タイトルが“English”から「英語」という日本語表記に変わり、表紙絵も日本のシンボルともいえる富士山になっています。その本文には、たとえば次のような文章があります。

We can see a big tank in the picture.
It is a Japanese tank.
It is at the foot of a hill.
We can see an aeroplane.

この英文には“tank（戦車）”の上に“aeroplane（飛行機）”が飛んでいるイラストが添えられています。この時代、飛行機といえば軍用機のことです。前年に刊行した『クラウン』と比べて、かなり戦時色が濃くなっていることがわかります。『英語　中学校用』は第三巻まで制作されましたが、東京大空襲[*39]があったことから、一九四五年二月頃に発行された三巻目が実際に使われたかどうかはわかっていません。

右のような戦争にまつわる題材は、一九四四年頃から目立つようになり、日本軍の戦記などが掲載されるようになりました。それとは逆に、英米に親近感を抱かせるような題材はなくなりました。先に紹介した『クラウン』第三巻は、よく見ると三七ページから四四ページが抜けています。そこには、黒船来航を題材にした英文が載っていたのですが、日米親善の話だという理由で削除されたとのことです。

戦況が悪化するにつれ、多くの学校では教員が召集されたり中学生が勤労動員[*40]に駆り出されたりして、授業が休止状態に陥りました。英語であれ何であれ、勉強そのものが継続困難になるという暗黒時代に突入したのです。

そんな中、終戦まで英語の授業を続けていたのは海軍兵学校です。海軍は、もともとイギリス海軍を規範としたことから英語を重視していました。最後の海軍大将として知られる井上成美（しげよし）は、海軍兵学校長の任にあった頃（一九四二年着任）、オックスフォード英英辞典を生徒全員分取り寄せ一人ひとりに持たせるなど、英語教育に力を注ぎました。海軍兵学校では、一九四五（昭和二〇）年の入試でも英語を試験科目としていましたし、一九四五年五月、なんと終戦の三ヶ月前に『英語参考書　英文法（前編）』を発行しています。これが、戦時中に発行された最後の英語教材と考えられています。

終戦後の英語の授業は、戦中の教科書を使って再開されました。戦中とは逆に、ナショナリズムや戦時色の強い部分が消されていきます。連合国軍の占領下で、生徒たちは単語や英文の墨塗りやページの削除・貼り合わせを指示されたのです。

一九四六年には、戦後初の英語教科書が暫定版で刊行されました。その一つ『英語　高等女学校外国語科用』第二巻[*41]を見ると、一枚の紙を折り畳んだだけの簡素なもので、製本されていません。まだ印刷や製本の工場が復興途上にあり、紙も不足していたのです。

戦時下に見る英語教師たちの熱意

戦時中にこれほどバラエティに富んだ英語教科書が作られていたことは、ダブル・スタンダード政策のもとで、当時の英語教育がいかに充実していたかを物語るものです。私のもとにも、一九四二（昭和一七）年入学の京都府立の中学校では英語の授業が週六時間もあったという証言が寄せられています。一九四五（昭和二〇）年に入学した滋賀県立彦根中学校では、「英語は世界で通用する言葉であり、科学を学ぶのに必要」として週五回の授業があり、毎回学んだことを暗誦する宿題が出たと報せてくれた方もいました。また、東京府立の女学校で週三、四時間の英語の授業があったとの証言がありました。一方、一九四二年に入学した東京府立第二十二中学校では、先生が「敵である英米を知るため」と言って『クラウン』で熱心に指導してくれたそうです。いずれにしても文部省の削減方針に従わなかった学校は少なくなかったのではないかと思われます。

しかも、戦時中の教科書を見てみると、今より明らかに高度な内容なのです。江利川氏によれば、クラウン全五巻の総単語数は六〇〇〇語くらいで、現在の中学・高校で教わる語彙数三〇〇〇語に比べてはるかに多かったといいます。もっとも二〇二〇年から順次施行される小中高の新学習指導要領では、小学校で六〇〇～七〇〇語、中学校一六〇〇～一八〇〇語、高校一八〇〇～二五〇〇語、合計四〇〇〇～五〇〇〇語となります。「英語は敵性語」と言われていた戦時中に近づくことになりますが、授業時間数は戦時中のほうが多く、レベルも高い教育が行われていた、というのは皮肉なことです。
すべての学校ではないにせよ、これほど充実した英語教育が行われていたのは、教師たちの並々ならぬ熱意があったからだと思います。英語禁止が明文化されていなかったとはいえ、「敵性語である英語」への風当たりが厳しい地域や学校もあったでしょう。体験談の中にも、「校内は英語重視で少人数制クラス。日系二世に英語を学ぶという自由な雰囲気だったけれど、通学中には嫌がらせを受けないように英語の教科書は隠して読んだ」（一九四三年藤原工業大学予科入学）という一文がありました。そんな中、英語教育を続けた学校には、「英語は国際語だから教えなければいけない」という強い信念をもつ校長や英語教師がいたに違いありません。ノーベル賞化学者の鈴木章氏が通った中学でも、校長の方針で英語の授業が続けられたそうです。[*42]
私に体験談を寄せて下さった方々は、多くが英語の先生の名前を覚えていて、先生が何を言ったか、どう教えてくれたかをこと細かに記憶していました。そのような回顧談を読むと、当時の英語教師がどれほど情熱を持っていたかが伝わってきて、胸を打たれます。
戦後間もなく義務教育となったすべての中学校で英語の授業が始まりますが、そのための教員を確保できたのは、そうした英語教師たちが英語教育を継続させてきたおかげとも考えられます。

4 〝使える英語〟を求めて

戦後日本の英語ブーム

第二次世界大戦後の日本では、戦争に敗れて荒廃した状況にもかかわらず、『日米会話手帳』[*43]が大ヒットを飛ばすなど、一般大衆の英語への関心は高まる一方でした。連合国軍が進駐し、アメリカ兵たちが街を闊歩するようになって、仕事で英会話習得の必要に迫られた人だけでなく、「これからは英語を話せなくては」という意識を持つ人が増えていきました。子ども向けに英会話で綴(つづ)られた絵本まで登場し、日本は一気に親米ムードに包まれていきます。

一九四六(昭和二一)年には、開戦直前まで続けられていたＮＨＫラジオ講座が復活し、

「英語会話」は「カム・カム・エブリバディ」のテーマソングで始まることから「カムカム英語」と呼ばれ大人気となります。一九五一（昭和二六）年には「カムカム英語」と改題して民放に移行し、講師の平川唯一は「カムカムおじさん」と親しまれました。こうして、日本全国で英語学習熱が浸透していくのです。

戦後の日本社会で英語学習の大衆化が進む中、さまざまな英語教授法が海外からもたらされました。一九五〇年代末に生まれ世界を席巻したオーディオリンガル・メソッド（Audiolingual Method, Audiolingualism）も日本に到来し、登場したばかりの外国語学習新兵器であるＬＬ（Language Laboratory）教室を使い、生徒たちはパターン・プラクティス（pattern practice）で英語を練習しました。

オーディオリンガル・メソッドとは、⑴第二次大戦中に米軍用に開発されたArmy Methodと呼ばれる外国語集中訓練法、⑵ミシガン大学の言語学者フリーズ（Charles Fries）等が開発した構造言語学に基づくオーラル・アプローチ（Oral Approach, Aural-Oral Approach, Structural Approach）、さらに⑶行動心理学の学習理論が加わって作られたアメリカ産の英語教授法です。この教授法が生まれたきっかけは、一九五七年に当時のソビエト連邦が初めて人工衛星を打ち上げたことにあります。先を越されたアメリカ政府は外国語教育をおざなりにしていると米国が科学技術の発展に後れをとると危機感を抱き、外国語教育の研究に予算を投入したのです。

その結果として誕生したオーディオリンガル・メソッドの特徴を簡単にまとめると、言語の文法的構造（構造言語学）を習得することを目的に、刺激―反応―強化（行動心理学）という学習方法を採用し、基本的なセンテンス・パターンを覚えさせてから、それを口頭ドリルで繰り返すパターン・プラクティスが授業の基本となる教授法です。

一九六〇年代は多くの国々でLLを導入してパターン・プラクティスが盛んに行われました。オードリー・ヘップバーン主演の往年の名画「麗しのサブリナ」には、パターン・プラクティスをもじって愛を告白するシーンが出てきます。そのくらい普及した外国語学習法だったのですが、やがて人気が凋落（ちょうらく）します。

まず、パターン・プラクティスは反復練習ばかりで退屈な上、授業では上手に繰り返すことができても、現実の世界に出て行くとコミュニケーションにはさっぱり使えない、という致命的な弱点があったのです。加えて、言語学者チョムスキー（Noam Chomsky）が、

「言語というのは模倣や繰り返しで習得するものではなく、人間には言語能力が内在している」と批判し、まったく新しい言語理論を提示したことで、オーディオリンガル・メソッドは理論的に破綻してしまいました。

コミュニケーション重視の教育へ

その後、しばらくはさまざまな外国語学習法の試行錯誤が続きます。

やがて英国の応用言語学者たちは、言語の構造ではなくコミュニケーションの機能を重視し、ハリデイ（M. A. K. Halliday）等の機能言語学に依拠したノーショナル／ファンクショナル・シラバス（notional/functional syllabus）を軸にする教授法を開発しました。米国では、言語人類学者のハイムズ[*44]（Dell Hymes）が、コミュニケーションを成立させるには、チョムスキーの言う「言語能力（linguistic competence）」だけでは不十分で、社会の中で適切に言語を使用することができる「コミュニケーション能力（communicative competence）」が必要だと指摘したことから、社会言語学の知見を取り入れた教授法が開発されました。

これに欧州評議会（Council of Europe）などによるヨーロッパ言語教育に関する研究が加わり、コミュニカティブ・アプローチ（Communicative Approach, Communicative Language Teaching）として知られるコミュニケーション重視の外国語学習法が誕生したのです。その基本は、(1)コミュニケーション能力の獲得を目的とする、(2)言語とコミュニケーションは相互に関連しているので、四技能（読み、書き、聞き、話す）を教えることにあります。

母語使用を禁止し文法や音声の正確さを要求したオーディオリンガル・メソッドとは異なり、必要に応じて母語を使うことを許し、正確性（accuracy）よりは社会で実際に使う流暢性（fluency）を優先するのがコミュニカティブ・アプローチの特徴です。米国では出身国が多様な移民対象の英語教育に使われることから必然的に英語を使用して授業をしますが、コミュニカティブ・アプローチでは本来、母語の使用を禁止してはいません。

そういう意味では、最近の日本における英語教育が会話中心に傾斜し、日本語を使わない授業にこだわることは（英語でのインプットを多くするという意味はあるにせよ）、コミュニカティブ・アプローチを正しく理解していないということになりますし、実際の授業ではオーディオリンガル・メソッドとの混同も見受けられます。

日本で実践的な英語力を要求する声は、明治時代からありましたが、敗戦後の英語ブームの中でも、正規の学校教育では読み書き中心、実践的な英語はラジオ講座や英会話教室と役割分担が暗黙のうちになされていた感があります。ところが、学校教育においても実際に使える英語を教えるべきだ、という圧力が一九七〇年代頃から強まりました。

一九八四年に中曽根康弘首相によって設置された臨時教育審議会では、英語教育についても議論され、一九八六年の第二次答申で、「現在の外国語教育、とくに英語の教育は、長期間の学習にもかかわらず極めて非効率であり、改善する必要がある」と抜本的な改革が提案されました。外国から若者を招致し英語授業の指導助手とするJETプログラム[*45]も導入されました。そして一九八九（平成元）年告示の学習指導要領では、「外国語で積極的にコミュニケーションを図ろうとする態度を育てる」という一文が加わりました。その改訂学習指導要領では高校の英語に「オーラル・コミュニケーション」という、口頭コミュニケーション中心の科目が新設されました。

当時の文部省で教科調査官として学習指導要領改訂に関わった和田稔氏（明海大学名誉

教授）は、コミュニケーション能力を四要素（文法能力、談話能力、社会言語的能力、方略的能力）に分類したカネールとスウェインのモデル[*46]を参考に四技能をバランス良く取り入れたつもりだったが、結果的には、選択科目である「オーラル・コミュニケーション」にあるディスカッションとディベートばかりに関心が集まってしまった、と述懐しています。どうやら日本では、「コミュニケーション」を狭義に「口頭で話すこと」すなわち「会話」と解釈し、それが一人歩きしているような印象です。

学校教育だけでなく、英会話教室や市販の英語教材などにも「会話中心主義」は広く普及しました。この傾向は現在に至るまでまったく衰えを見せず、コミュニケーションとは「話すことで読み書きは関係ない」という誤解がすっかり定着しています。

「英語が使える日本人」育成計画

正確に話すことよりも、何かをするためにコミュニケーションを目的として外国語を使うことに主眼を置くコミュニカティブ・アプローチは、趣旨としては良く理解できます。文法の間違いを気にしていたら話せなくなりますし、ネイティブ・スピーカーのような発音などを求めること自体が無理な注文です。ただ、コミュニカティブ「メソッド」ではなく「アプローチ」と呼ばれるだけあって、具体的な授業方法が決められているわけではないことから、実際の授業では教師によってばらつきが出てきてしまう傾向は否めません。文法や読解は教えないという誤解が生まれているのも残念です。

文法というのは、読むにしても書くにしても聞き取るにしても話すにしても欠かせません。ある言語がどういう仕組みと規則で使われているかを知らなければ、文を組み立てて自分の考えを主張することができません。仕事で使おうと思ったら、単語の羅列で済むような単純な話ばかりではありません。

そのような言語の組み立てを学ぶにはいろいろな方法があるでしょう。何かを読んで訳しながら文法を解説するのが文法訳読法、口頭での反復練習で文法構造を叩き込んでしまおうというのがオーディオリンガル・メソッド、そしてコミュニケーションに使いながら文法も習得しようというコミュニカティブ・アプローチ。しかし、使いながら自然に覚えるという方法はなかなかうまくいかないという反省も生まれ、近頃は、いつ、どのようにして文法や音声などの形式を教えるか、ということが大きな課題になっています。外国語を学ぶのに、構造や文法規則を知らないでは、「使える」ようにはならないのです。問題は、どのようにして教えるかでしょう。

言語を習得するためには、「読む」「聞く」「書く」「話す」の四技能が必要だというのは、長らく外国語教育の常識でした。もっとも世界では斬新な見方が出てきています。世界の外国語教育を牽引している欧州評議会は二〇一八年、「伝統的な四技能では、コミュニケーションの複雑な現実をつかみきれない」として、今後は「reception, production, interaction, mediation の四つを軸にコミュニケーションを考える」と発表しました。[*47]「受容」は、読む・聞く、「産出」は、話す・書く、「やりとり」は、話す・書く、「仲介」は通訳翻訳を含め二つの言語を仲介する活動を広義に指しています。

このように、外国語教育については常に革新的な考えや潮流が出てきますが、日本では一九八〇年代から会話中心を主眼とし、二〇〇三年には、五ヶ年にわたる「『英語が使える日本人』の育成のための行動計画」を文科省が開始しました。国民全員を「英語が使える」ようにするという壮大な目標が掲げられ、「話す」「聞く」学習が重視されるようになったのです。

その背後には、「英語が使える」人材を求める経済界からの要請がありました。日本経済が好調だった時代には、企業は研修費を出して社員を英会話学校に通わせたり、海外留学をさせる余裕がありました。ところが長引く不況により、各企業ともに自力で社員に英語教育を施す余力がなくなったのです。そこで即戦力となる人材を学校で育成するように、圧力をかけるようになったのです。

もっとも、こうした経済界からの要請は、今に始まったことではありません。日本が戦後復興の軌道に乗り、国際社会への復帰をはたしつつあった一九五六（昭和三一）年には、日本経営者団体連盟（日本経済団体連合会の前身）が「役に立つ英語」の要望書を発表しました。「新制大学卒業生の語学力は、逐年向上しているが、いまだ産業界が要求している程度には達していない」として、ビジネスで使える英語の習得を求めました。これを受けて文部省は、一九六〇（昭和三五）年に英語教育改善協議会を設立したのです。以来、今日に至るまで、英語教育関連の会議には必ずと言ってよいほど経済界からの顔ぶれが並びます。

学校における「教育・学問」でありながら、英語だけが、他の教科とは一線を画す特殊性を帯びていると言えるでしょう。

一方で、二〇〇二年には完全週休二日制による「ゆとり教育」がスタートし、中学校の英語の授業は週三コマに削減されました。二〇〇六年には、大学入試センター試験にリスニングが導入され、高校ではその対策に時間を割かざるをえなくなりました。こうして限られた授業時間の中、文法や読解はますます隅に追いやられることになったのです。

そのような状況のもと、二〇一一年四月からは小学校での英語が必修となり、二〇二〇年からは「教科」となります。いろいろやっても、なかなか「英語が使える日本人」が育たない。経済界からの要請にこたえなくてはならない。そこでとうとう、「早いうちから始めてみよう」と最後のカードを切ることになったわけです。

しかし、文法・読解の授業が縮小の一途をたどってきたことは、「英語が使える日本人」の育成という目標を遠ざける結果を招いてしまいました。「読む・書く」力は英語力の根幹をなすものであり、それがおろそかにされ続ければ、国民全体が「英語を使える」どころか、翻訳や通訳などを行う英語の専門家を育成することもできなくなります。「役に立つ英語」とか「使える英語」などのお題目に汲々（きゅうきゅう）としていると、せっかく江戸時代から脈々と受け継がれ、明治時代に花開いた日本の翻訳文化なども、存亡の危機を迎えることになるでしょう。

学校英語にどこまで求めるのか

それでは、私たち日本人が求めてやまない「英語が使える」というのは、どのくらいのレベルを指すのでしょう？

二〇一二年に公表された「グローバル人材育成戦略」に基づき、政府が二〇一三年に閣議決定した英語教育の到達目標は、「中学卒業段階で英検三級程度以上、高校卒業段階で英検準二級程度以上の英語力を持つ生徒の数を二〇一七年度までに全体の半数にする」というものです。文科省はそれに従い「グローバル化に対応した英語教育改革実施計画」を発表しました。

ところが二〇一七年度に全国の公立中高生を対象に実施された「英語教育実施状況調査」では、政府が目指している目標に達した中学三年生は全体の四〇・七パーセント、高校三年生は三九・三パーセントで、政府目標の五〇パーセントに達していません。

英検の最高レベルは一級、次が準一級、そして二級と続き、その下の英検準二級は「日常生活に必要な英語を理解し使用できる」レベル、英検三級というのは「身近な英語を理解し使用できる」レベルとされています。「日常生活に必要な」「身近な」英語というのは定義が曖昧ですが、初歩レベルの会話ですので、とても「英語をコミュニケーションに使える」ことにはなりません。その「初歩レベル」に達した中高生が全体の半数いないというのです。一九八九年から三〇年近くにわたって続けられてきた英語教育改革が成功したとは言えません。

そもそも不思議なのは、なぜ日本人は英語にだけ高い要求を持っているのか、ということです。たとえば、「小中高と一二年間も体育の授業を受けてきたのに、速く走れない」と怒る人はいないでしょう。あるいは「一二年間も音楽を習ったのに、上手く歌えない」と失望する人はいません。それなのに、なぜか英語に対してだけは、誰もが「六年間も習ったのに、話せない」と憤っているのです。

英語を自在に操れる人は、それだけの努力を自分でしているのです。にもかかわらず、学校教育だけで流暢に話せるようになるかのような幻想を持っているのが、根本的な問題なのです。

「六年間も勉強したのに」という恨み言が聞かれますが、ネイティブ・スピーカーは赤ちゃんの頃から毎日一日中、朝から晩まで英語を聞き続けているのです。われわれ日本人が、たかだか週三、四時間英語を勉強して、六年間で母語話者（ネイティブ・スピーカー）のように話せるわけがない、ということを理解して欲しいと思います。

まして一つの言語を学ぶのは、自転車に乗れるようになったりパソコンを使えるようになるなどの技術を覚えるのとはわけが違います。その国の文化や歴史、それに人の心が密接に絡まっているのですから、道具のように簡単に使い方を覚えられるものではありません。言語というのは、そのくらい重みのあるものなのです。外国語は生涯にわたり学ぶべき価値のあるものです。学びによって世界が広がり人生が豊かになるからです。だからこそ、母語以外の異質な言語を自律的に自分自身が努力して学ぶことに意味があるのです。

この章で、日本人の英語学習の歴史をたどりながら、何らかのヒントが得られたのではないでしょうか。

第三章　二〇二〇年からの小学校英語

1　学習指導要領が定める英語教育

日本における英語教育の流れを概観したところで、この章では、二〇二〇年からの公立小学校での英語教育がどのようになるかを、学習指導要領と文科省作成の教材をもとに紹介します。

学習指導要領は、抽象的で繰り返しも多く読みやすい文章ではありませんが、英語教育の内容を定めている文科省の文書なので、必要最低限だけ抜粋して説明します。

「学習指導要領」に見る小学校英語

「学習指導要領」とは、「全国のどの地域で教育を受けても、一定の水準の教育を受けられるようにするため」、文部科学省が定めている「各学校で教育課程（カリキュラム）を編成する際の基準」です。学校教育法等に基づいた「大臣告示」で、小学校、中学校、高等学校ごとに、それぞれの教科の目標やおおまかな教育内容や年間の授業時間数などの指針を書いているものです。法令ではないので、私立学校は建学の精神に基づいて自由に教育内容を定めることが可能ですが、公立学校における教育は「学習指導要領」をふまえて実施され、「学習指導要領」に準拠して検定教科書が作成されます。

小学校の新しい学習指導要領は二〇一七年三月三一日に告示され、二〇二〇年四月から全面実施されます。小学校・中学校・高等学校を通して全教科の基本方針について共通の部分もあり、次のように述べられています。

教育基本法に定める教育の目的を踏まえれば、育成すべき資質・能力の上位には、常に個人一人一人の『人格の完成』と、『平和で民主的な国家及び社会の形成者として必要な資質』を備えた心身ともに健康な国民の育成があるべきである。

「資質・能力」の内容は、⑴「何を知っているか、何ができるか」（個別の知識・技能）、⑵「知っていること・できることをどう使うか」（思考力・判断力・表現力等）、⑶「学びに向かう力」の三点に分けられています。

この中で、新学習指導要領で最も際立っているのが、二番目の「思考力・判断力・表現力」です。具体的には、「問題を発見し、その問題を定義し解決の方向性を決定し、解決方法を探して計画を立て、結果を予測しながら実行し、プロセスを振り返って次の問題発見・解決につなげていく」能力、「情報を他者と共有しながら、対話や議論を通じて互いの多様な考え方の共通点や相違点を理解し、相手の考えに共感したり多様な考えを統合したりして、協力しながら問題を解決していく」協働的に問題を解決する能力だと説明されています。

次に目立つのが、「学びに向かう力」です。内容として挙げられている項目は「主体的に学習に取り組む態度も含めた学びに向かう力」、「自己の感情や行動を統制する能力」、「多様性を尊重する態度と互いのよさを生かして協働する力」、「持続可能な社会づくりに向けた態度」、「リーダーシップやチームワーク、感性、優しさや思いやりなど、人間性等に関するもの」と、多彩な能力が挙げられています。

注目すべきは、自分の思考プロセスを客観的に捉える力、いわゆる「メタ認知」に関するものが盛り込まれていることです。「メタ認知」(metacognition)とは、「認知についての認知」という意味です。つまり自己の認知活動(知覚、情動、記憶、思考など)を客観的に見つめ評価した上で自分の力でコントロールすることで、それを行うことを可能にする心理的な能力を「メタ認知能力」と呼びます。勉強しているときや問題解決を試みる場面で、いつどのような方法を使うかといった判断も含まれるので、多くの教育現場で、メタ認知能力の育成を重視するようになっています。

これからの時代に求められる資質・能力

「資質・能力」には「これからの時代に求められるもの」も含まれています。その前提として「グローバル化する中で世界と向き合うことが求められている我が国」など、「グローバル」という言葉が何度も出てきます。みなさんのお子さんが成長して大人になったときに、どういう資質や能力が必要になるか読んでみると、ずいぶん盛りだくさんです。

まずは「日本人としての美徳やよさを備えつつグローバルな視野で活躍する」とあります。世界的に活躍して欲しいけれど、日本人らしさを失ってはいけません、ということでしょう。

「言語や文化に対する理解を深め、国語で理解したり表現したりすること」とあって、次に「外国語を使って理解したり表現したりできるようにすること」が必要だとあるので、日本人なのだから国語もちゃんと学びましょう、グローバルに活躍するには英語も勉強しましょう、ということになります。

まだあります。「日本人として大切にしてきた言語文化を積極的に享受していくことや、芸術を学ぶことを通じて感性等を育むことなどにより、日本文化を理解して自国の文化を語り継承することができるようにする」とあります。「日本語」を大切に、「日本文化」を守ることが求められているわけです。同時に、「異文化を理解し多様な人々と協働していくことができるようになること」が重要なので、日本に閉じこもっているのではなく、他の文化も理解して外国の人たちと協力して働くことができるようになって欲しい、ともあるので、これからの子どもたちは荷が重そうです。

加えて、「日本のことグローバルなことの双方を相互的に捉えながら、社会の中で自ら問題を発見し解決していくことができるよう、自国と世界の歴史の展開を広い視野から考える力や、思想や思考の多様性の理解、地球規模の諸課題や地域課題を解決し持続可能な社会づくりにつながる地理的な素養についても身に付けていく必要がある」とあって、これをすべて備えている大人が今の日本にどのくらいいるだろうと考えてしまいます。

でも、これは未来の話なので、子どもたちはこういう立派な大人になって下さい、という日本政府の願いでしょう。しかも、これは小中高の生徒全体に対して述べている夢ですから、小学校でここまでやらなくても大丈夫です。小学校は、あくまで根っこを育てるところですから、いつか将来、「日本のこととグローバルなこと」の両方を考えて、「日本と世界の歴史を広い視野」で見て、「多様性を理解」し、「持続可能な社会」を作れるような「素養」を身につけた大人に成長するよう、学校で教育します、というメッセージだと受け止めれば良いのではないでしょうか。

小学校の英語はどうなるの?

何やら壮大な夢だけれど、そんなことより小学校の英語がどうなるかを知りたい、と思われているかもしれません。一足飛びに小学校英語の具体的内容について紹介します。

新しい学習指導要領でも、一九八九年告示の学習指導要領以来の「コミュニケーションに使える英語」が基本です。「外国語教育については、子供たちが将来どのような職業に就くとしても求められる、外国語で多様な人々とコミュニケーションを図ることができる基礎的な力を育成する」と宣言されています。

ちなみに学習指導要領では、「外国語」には英語以外の外国語もあり得ることが記されているのですが、「外国語科においては、英語を履修させることを原則とすること」とあるので、「外国語活動」「外国語(教科)」ともに、英語を指しています。学習指導要領では「外国語活動」(英語)となっているので、そのまま使うこともありますが、わかりやすくするため本書では原則として、「外国語活動」を「英語活動」、「外国語(教科)」を「教科としての英語」と書きます。

それでは、小学校の英語について、どのようなことが書かれているかを見てみましょう。

現在の学習指導要領と新しい学習指導要領との大きな違いは、五・六年生で行っている「英語活動」を三・四年生におろし、五・六年生では初めて「英語」が「教科」となることです。教科ですから検定教科書を使い、成績評価も入ります。通信簿で成績がつくのです。これまでは五・六年生でも「英語活動」だったので、中学英語の前倒しはしないということになっていました。文字は教えないことを前提に、歌ったり踊ったりゲームをして英語に親しむのが「英語活動」でした。そのような「英語活動」は三・四年生に下ろされたので、五・六年生は聞いて話すだけでなく読むことも書くことも勉強するようになります。

「英語活動」と「教科」の違い

それでは、三・四年生を対象とする「英語活動」と、五・六年生を対象とする教科としての「英語」では、何をどう教えるのか、新学習指導要領を読んでみます。

「外国語活動」（英語）の目標は、「外国語によるコミュニケーションにおける見方・考え方を働かせ、外国語による聞くこと、話すことの言語活動を通して、コミュニケーションを図る素地となる資質・能力を次の通り育成することを目指す」と書いてあります。「次の通り」とは具体的には三点あります。

第一に、英語を通して「言語や文化について体験的に理解を深め、日本語と外国語との音声の違い等に気付く」とともに「外国語の音声や基本的な表現に慣れ親しむ」ことを目指します。二番目に「身近で簡単な事柄について、外国語で聞いたり話したりして自分の考えや気持ちなどを伝え合う力の素地を養う」ことになっています。三番目には、「外国語を通して、言語やその背景にある文化に対する理解を深め、相手に配慮しながら、主体的に外国語を用いてコミュニケーションを図ろうとする態度を養う」とあります。

ことばの「素地」を養う

小学校の三年生と四年生が週に一コマ程度の授業で、歌ったり踊ったりゲームをしながら、ここまで到達することになっています。えっ、小学校の三・四年生が、そこまでできなければいけないの？　と驚く方がいるかもしれません。「言語や文化」について何を体験させて、どう理解させるのだろう？　日本語と英語との音声の違いについて誰がどうやって気づかせるのだろう？　親の私だって、自分の考えや気持ちなんか英語で伝えられないのに、どうしよう……と不安に駆られる方もいるでしょう。

でも心配しないで下さい。教科となる五・六年生の「英語」でも同じようなことが書かれていて、細部が違うだけです。「英語活動」のポイントは「気付く」「素地を養う」「態度を養う」と書いてある部分です。これが「英語活動」の目標ですから、子どもたちが「英語って、変わった音を出すな」と気がつけば十分です。「素地」や「態度」を「養う」と言われても、どうやるのだろう？　と考え込んでしまいますが、ふだんの生活で母語である日本語を使って友だちや先生や周囲の人たちとコミュニケーションをとることも含まれるはずです。焦らず、つまりは人間として言葉を使う土台を作るのね、と考えれば良いと思います。

子どももいろいろな個性があるので、活発で積極的な子もいれば、おとなしい引っ込み思案な子もいます。英語ができるようになる「素地」を作ろうと無理に積極性を強いなくても大丈夫です。「素地」などは、何年もかかって目に見えないところで静かに培われていくものです。自分の話で恐縮ですが、幼い頃の私は人見知りが強く母親をいたく心配させましたが、二〇歳を過ぎて仕事をするようになってから自分で克服する努力をするようになりました。子育ては時間がかかるものです。結果が出るまでに二〇年、三〇年かかると覚悟して、どっしり構えましょう。

英語の「基礎」を学ぶ

話が横道にそれてしまいました。では、教科となる「英語」の目標は、どうでしょうか。

「外国語によるコミュニケーションにおける見方・考え方を働かせ、外国語による聞くこと、読むこと、話すこと、書くことの言語活動を通して、コミュニケーションを図る基礎となる資質・能力を次のとおり育成することを目指す」とあり、違いは傍線を引いた箇所です。つまり、「英語活動」では「聞くこと、話すこと」であったのが、教科としての「英語」では「読むこと、書くこと」が加わります。「英語活動」では「コミュニケーションを図る素地」とあるのが、教科では「素地」が「基礎」となっています。小学校三・四年生が「英語活動」で英語を使って歌ったりゲームをすることは「コミュニケーションの素地」で、五・六年生が教科書を使って英語の四技能を学ぶことは「コミュニケーションの基礎」を作るため、ということになります。基礎の内容は具体的にどういうものなのか、学習指導要領を紹介します。

(1)外国語の音声や文字、語彙、表現、文構造、言語の働きなどについて、日本語と外国語との違いに気付き、これらの知識を理解するとともに、読むこと、書くことに慣れ親しみ、聞くこと、読むこと、話すこと、書くことによる実際のコミュニケーションにおいて活用できる基礎的な技能を身に付けるようにする。

(2)コミュニケーションを行う目的や場面、状況などに応じて、身近で簡単な事柄について、聞いたり話したりするとともに、音声で十分に慣れ親しんだ外国語の語彙や基本的な表現を推測しながら読んだり、語順を意識しながら書いたりして、自分の考えや気持ちなどを伝え合うことができる基礎的な力を養う。

(3)外国語の背景にある文化に対する理解を深め、他者に配慮しながら、主体的に外国語を用いてコミュニケーションを図ろうとする態度を養う。

中学校の学習指導要領との比較

「英語活動」に比べて詳細で、高度な内容なのに驚きます。これは中学校の学習指導要領ではないかと思うくらいですが、比べてみると、あまり大きな違いはないのです。次が中学校英語の目標です。

(1) 外国語の音声や語彙、表現、文法、言語の働きなどを理解するとともに、これらの知識を、聞くこと、読むこと、話すこと、書くことによる実際のコミュニケーションにおいて活用できる技能を身に付けるようにする。

(2) コミュニケーションを行う目的や場面、状況などに応じて、日常的な話題や社会的な話題について、外国語で簡単な情報や考えなどを理解したり、これらを活用して表現したり伝え合ったりすることができる力を養う。

(3) 外国語の背景にある文化に対する理解を深め、聞き手、読み手、話し手、書き手に配慮しながら、主体的に外国語を用いてコミュニケーションを図ろうとする態度を養う。

小学校の「英語」と、中学校の「英語」の目標は、どこがどのように違うのか、すぐにはわからないくらい似ています。これは、英語教育に一貫性を持たせるために、あえて同じような文章にした、と聞きました。

でもよく読むと、小学校の教科としての「英語」の目的は、「基礎的な技能を身に付ける」「基礎的な力を養う」なのがわかります。中学校では「基礎的な」という言葉はなく「技能を身につける」「力を養う」です。つまり、小学校五・六年生で「基礎」を作って、中学校につなげるのです。実際にできなくても、土台を作っているのだ、と割り切って、安心して下さい。小学校では、あくまで「素地」を養い、「基礎」を養ってから、中学そして高校へと進み六年間かけてじっくり学べば良いのです。高校の学習指導要領がどうなるか、大学英語教育がどうなるかについては、拙著『英語教育の危機』を読んで下さい。

盛り込みすぎの指導内容

ところで、「英語活動」は週に一コマ（四五分、年間三五単位時間）が原則です。小学校五・六年生が教科として学ぶ「英語」は、その倍の「年間七〇単位時間」とされています。

確かに、週に二コマの授業がないと消化しきれないほど盛りだくさんな内容が学習指導要領には含まれていますし、「英語活動」と「教科としての英語」を合わせて、小学校で六〇〇〜七〇〇語程度の英単語を学ぶことになっています。「活用頻度の高い基本的なもの」という条件付きですが、get up, look at などの熟語、excuse me, I'm sorry などの慣用表現も入ります。単文、肯定文、否定文、疑問文、代名詞、動名詞、過去形も教えることになっていて「主語 +be 動詞 + 補語」「主語 + 動詞 + 目的語」などの文構造も学ぶことになります。

「音声」についても、「現代の標準的な発音、語と語の連結による音の変化、強勢、イントネーション」などを教えることになっています。英語という外国語を習う以上、発音やイントネーションなどを指導するのは当然ではあるのですが、これまでの教職課程では音声学が必修と定められていないので、中高の英語教員でさえ多くが発音を教えられないでいるのが現状です。

英語の専門家が揃っていない小学校で、誰がどのように教えるのだろう、という懸念は残ります。

中学校との違いを鮮明に

加えて五・六年生では、〈思考力、判断力、表現力等〉という新学習指導要領の基本に沿って、次の事項を身につけることになっています。

ア　身近で簡単な事柄について、伝えようとする内容を整理した上で、簡単な語句や基本的な表現を用いて、自分の考えや気持ちなどを伝え合うこと。

イ　身近で簡単な事柄について、音声で十分に慣れ親しんだ簡単な語句や基本的な表現を推測しながら読んだり、語順を意識しながら書いたりすること。

「言語活動」として取り上げる事項には「挨拶」「自己紹介」「買物」「道案内」などの他

に、「コミュニケーションを円滑にする：相づちを打つ、聞き直す、繰り返すなど」、「気持ちを伝える：礼を言う、褒める、謝るなど」、「考えや意図を伝える：申し出る、意見を言う、賛成する、承諾する、断る」、「相手の行動を促す：質問する、依頼する、命令する」等々、中学校学習指導要領と同じような内容が盛り込まれています。

小学校でここまで教えてくれるのかと喜ぶ保護者がいれば、親だってできないことを教えられるのかと疑問を抱く保護者もいるでしょう。異文化コミュニケーション学や社会言語学などの専門的な見地から見れば、相づちにしても、褒める、謝る、依頼する、断るなどにしても、それぞれの言語文化によって規範が違うので、日本語とまったく違う英語で謝ったり断ったりは相当に難しいことです。「相づち」だって、さまざまな言い方があるので、I see. だけでは済みません。相手によってはYeah. は失礼になることもあります。小学生を教える先生たちにどの程度の専門的な知識があるのか、限られた時間数の中で、これだけの内容をどのように指導するのだろうか、心配になってしまいます。

もっとわかりやすく、小学校では何をどこまで教えるのか、中学校との違いを鮮明にして欲しいと思うのが自然ですし、小学校と中学校との接続を考えても、段階別の違いを明確にするべきだと思います。

ただ、先に説明した通り、学数指導要領は、どの段階でも同じ内容を繰り返すことで英語教育の一貫性を暗示しているようですので、小中高を通して学ぶことなのだから、小学校では基礎の基礎を知っておくくらいで良い、と考えるのが妥当でしょう。

単語は暗記しない

もっとも単語数だけに関しては、小中高ではっきり数字が違っています。前にも述べましたが、小学校では、英語活動と教科としての英語を合わせて、四年間で六〇〇～七〇〇語の英単語を学ぶという計画です。中学校では一六〇〇～一八〇〇語、高校では一八〇〇～二五〇〇語で、合わせて四〇〇〇～五〇〇〇語程度に増えることが学習指導要領で明記されているのです。

語彙（ボキャブラリー）というのは、聞くことにも読むことにも話すことにも書くことにも必須ですので、単語を習得するのは外国学習では当然のことです。ただ、仕事で英語を使うには、八〇〇〇～一万語という数の単語が必要とされています。これだけの膨大な単語数を習得するのは、学校で暗記を強要されても実現しません。本人が「学ぶ意欲」を持って、「自律的」に、読んで書いて話してみるという地道な努力を続けることで可能になるものです。これは小学生では無理です。中学から高校と成長していく中で、少しずつ時間をかけて学び、大人になっても読んだり使ったりしながら意識的に勉強してストックを増やすものです。

ところが、日本で英語を学ぶということは、英語を毎日使う「第二言語としての英語」ではなく、「外国語としての英語」ですので、仕事で使うことを余儀なくされる以外は、とくに必要のない言語なのです。

ふだんは使わない外国語を勉強することの苦労は、日本の大人は誰でも知っているはずです。単語や語句を覚えるだけでも並大抵のことではありません。無理して頭に叩き込んでも、すぐに忘れてしまいます。覚えておいて、いざ、というときに使えるようにするのは、どうしたら良いのだろうと誰もが悩みますが、丸暗記ではだめです。意味のある状況や場面の中で、単語や表現がどのように使われているかを知ることで、語彙力が増すのです。「英語の達人」と呼ばれる人たちの多くは、小説や新聞・雑誌などで単語や語句が、どのようなコンテクストでどう使われているかを確認して、ときにはセンテンスごと筆写して、学習しています。これは、たくさん読んで書くことで、語彙力が徐々に培われていくからです。この方法は時間がかかるし回り道ですが、確実です。

習得するべき英語の目標を「語数」という数値で設定することは、そのような回り道を許さない空気を学校で作ってしまわないでしょうか。先生たちを追い詰め、子どもたちに無用なプレッシャーをかけることになり、結果として「学ぶ意欲」を奪うことにならないでしょうか。小学校のうちから七〇〇語という数値目標を設定することで、教師や親が焦り、子どもたちが暗記を迫られることのないよう願うばかりです。

国語教育との連携

小学生にとって大切なのは英語の土台を作ること。そのためには母語である日本語の学びが不可欠です。新学習指導要領では、「言語能力の育成」が謳われていて、外国語教育と国語教育との連携を目指した取り組みを呼びかけています。この方向性は本当に大事です。違う教科との連携は実際に具体化するのが難しいようですが、日本語と英語を材料に二つの言語の違いに気づく場を設けることは学習への動機づけにもなり得ます。

新学習指導要領では、「日本語と英語の違いに気付かせる、違いを知る」という表現が多く出てくるので、これなら何かできそうです。たとえば、英語教育ではヘボン式のアルファベット表記なのに、国語教育では日本独特の「訓令式」が使われています。英語では「立川市」を Tachikawa-shi と書くのに、国語では訓令式で、Tatikawa-si と書くよう指導するので、子どもたちは混乱してしまいます。

「ローマ字」というのはラテン文字で書いたアルファベット（Roman alphabet）を指します。日本語を「ローマ字」で表記する方法には二種類あって、一つは日本語の文章をローマ字表記で書くために日本で考案された「訓令式」。もう一つは、幕末の一八五九年に来日したアメリカ人宣教師であり医師のヘップバーン（James Curtis Hepburn）が紹介した「ヘボン式」です。当時の日本人が「ヘップバーン」を「ヘボン」と発音したことから「ヘボン式」と呼ばれるようになりました。

小学校では伝統的に「訓令式」でローマ字を教えますが、街の広告や駅名やパスポートのローマ字表記では「ヘボン式」が普及しています。実社会でローマ字表記が二本立てになっているので、学校でも「国語」は「訓令式」、「英語」では「ヘボン式」と、両立しています。

子どもたちは不思議がるでしょうが、二種類の表記があることを教え、それぞれ発音がどう異なるか比較してみたらどうでしょうか。さらには、世界の言語は多様なので、ローマ字でどのように表記しても、その言語特有の発音にはなりにくいことを例示するのも、言語の複雑さと面白さを体験してもらうことになるのではないでしょうか。

これからの教員養成をどうするか

新学習指導要領は、文科省のホームページで公開されているので、興味のある方は読んでみて下さい。音声指導をどうするのか、教員の養成と研修をどうするのか、課題は多くあることがわかっていただけると思います。

残念ながら現状では、小学校教員で中学校英語教員免許を取得しているのは数パーセント程度です。小学校に限らず、音声学を学んだことのない教員やネイティブ・スピーカーが大半であるのが日本の公教育の実態です。

小学校教員養成課程の新しい『外国語（英語）コア・カリキュラム』では、「外国語の指導法」科目で小学校英語教育についての基本的な知識に加えて、「子どもの第二言語習得についての知識とその活用」が入り、その中で、「音声」「コミュニケーション」「国語教育との連携」などを学ぶことになりました。さらに「外国語に関する専門的事項」科目では、「英語に関する背景的な知識」として「音声・語彙・文構成・文法・正書法等」「第二言語習得」「児童文学」「異文化理解」などを教えることになっています。

一歩前進というところですが、英語に関する二つの科目にさまざまな内容が盛り込まれているので、「やらないよりマシ」程度で終わってしまいそうです。英語という外国語を教えるためには、音声学や第二言語習得理論、異文化コミュニケーション学などは必須ですので、独立した必修科目に設定できないものかと思います。

それを実現するには、小学校で英語を教える教師を養成するために教員免許法を改正し、小学校教員養成のあり方を抜本的に変える必要があります。

ただし、それには時間がかかるということでしょう。現状では、小学校の免許は取得しているけれど英語の免許は持っていない学級担任が英語を教えることになっています。それでは無理があるので、文科省はいくつかの応急処置で対応しています。

一つは、正規の教員免許とは別枠で「特別免許」を、英語力のある人材に与えて小学校英語教育を担当できるようにします。英語力があるからといって小学生を指導できる力があるとは限らないし（小学生を教えるのは相当な力量が問われます）、英語力の有無を誰がどう判断するかは課題です。民間業者が通信教育で出す修了証に頼る自治体もあるようですが、公教育のあり方としては安易ではないかと感じます。

二つ目の措置は、教職課程を有する各大学に「認定講習」を委託し、小学校教員が講習を受ければ、英語教員免許を取得した、とみなすことにしました。小学校の先生は、小学生の指導は専門ですが、英語教育の専門家ではないので、自信がなく不安を感じる先生がいるのは仕方ありません。短期間の講習を受けるだけで大丈夫なのか気になります。

研修方法への疑問

文科省も小学校教員に対しての研修を実施しているようですが、それはこれまでの中高教員対象に行われてきた方法を踏襲しているようです。英国のブリティッシュ・カウンシル[*1]に研修を委託し、核となる教員に受講させ、その教員が各地域に戻って研修内容を伝え各校に広めていく方式です。この研修方法には二つの疑問があります。末端の教員に届くまでにどれだけ正確な研修内容が保持されるのか、という疑問が一つ。それから、日本の子どもを指導する教員の研修をなぜ英国の機関に委託するのか、という疑問点です。日本の子どもの特質を考えたら、そろそろ日本独特の英語指導方法を編み出し教員研修を行う時期に来ているのではないでしょうか。

最近は、「働き方改革」で、小学校教員の負担を軽減するために、英語の教員免許を有していて現在は仕事をしていない中学校教員を活用することも始まっています。英語の中学校免許を取得しているとはいえ、小学生に対して中学での授業と同じような指導を行うという危惧もあります。中学生と小学生では発達段階が違うので、英語の免許を持っている教員であっても、小学生対象の英語教育はどうあるべきかの研修は欠かせないでしょう。

このように、小学校での英語は課題がたくさんありますが、「教科」としての英語を初めて導入するのですから、試行錯誤を覚悟して少しずつ改善していくしかないように思います。それに子どもたちが巻き込まれないよう、小学校で英語嫌いになってしまわないよう、保護者の皆さんには、小学校では英語を楽しく学んで土台作りになれば十分、と達観していただければと願います。

次項では、学習指導要領に基づいて作成された教材がどのような内容かを概観してみます。

2 小学校で使われる英語の教材

小学校の英語は、学習指導要領に対応した教科書が使われます。現在は移行期間ということで、文科省初等中等局が作成した"We Can!"①②という教材が使われることになっていますが、二〇二〇年度からは教科書会社が作成する検定教科書が使われる予定です。

三・四年生対象の「外国語活動」（英語）でも、移行期間の現在は、文科省作成の教材"Let's Try!"①②が使用されています。

ここでは、文科省が作成した教材がどのような内容なのか、ざっと見てみましょう。本格施行までの二年間しか使われないものですが、検定教科書を作るにあたり各教科書会社が参考にしているはずです。

「外国語活動」としての英語

「外国語活動」（英語）は教科ではなく、英語に親しむための活動ですが、文科省は教材を作成しています。指導書（教師用の「指導編」）を読むと、基本的な構成は五・六年生と同じで、Let's Listen, Watch and Think, Play, Chant, Sing, Activity が設定され、デジタル教材を視聴して聞いたり話したりするなどの活動を行います。

「小学校中学年（三・四年）における外国語活動の指導のポイント」という説明には次のように記されています。

コミュニケーションを図る素地となる資質・能力の育成が目標である。「聞くこと」「話すこと（やり取り）」「話すこと（発表）」の三領域における言語活動を通して、その目標を達成しようというものである。

そして、次のような「指導のポイント」が示されています。

・扱う語彙や表現が聞いたり話したりされる必然性のある場面を設定する。

そのために映像教材が用意されていて、子どもたちが意味を推測したりすることになっています。

・言葉を使うことで慣れ親しませる。

言語使用を通しての「言語獲得」を狙っているようで、母語獲得と同じようにするために聞く機会をたくさん与えるとされています。誕生前から聞いて育つ母語と同じ程度に聞く機会を与えることは物理的に不可能なのですが、「言葉を果敢に使わせる機会を与える」と指示があります。

・指導者は、英語を使おうとするモデルになる。

英語の専門家でない小学校教員に対する激励とも言えるメッセージが記されています。「指導者が英語が苦手だからと距離を置くと、児童も距離を置いてしまうかもしれない」と警告を与え、具体的な心構えを示しています。『先生はデジタル教材のような発音ではないけれど、ＡＬＴの先生のようにすらすらと英語を話さないけれど、英語から逃げていないよ、何とかして自分の思いや考えを伝えるよ』という英語を使おうとする心強い指導者をモデルに、児童も『よし、やってみよう』と思うのではないだろうか」。そうなると良いのですが……こんなことを教師に対し書かざるをえなかった教材作成者の気持ちを思うと、英語教育政策の見切り発車による準備不足が遺憾です。

ジェスチャーと文化

「指導者が英語を使う際の留意点」には、指導者が英語を使う際に「ジェスチャーを付け、顔や声の表情の豊かさを心掛けたい」とあります。児童が「不慣れな英語を理解する大きな手助けとなるから」というのが理由ですが、自分自身が「英語に不慣れな」小学校教師にそこまで求める必要があるのでしょうか。

小学校三年生用のLet's Try! ①のUnit2では、「表情やジェスチャーの大切さ」に気づくことが目標になっています。ジェスチャーが表す意味は「国や地域によって違いがある」ことにも気づかせることになっていますが、異文化コミュニケーションを専門としている指導者は数少ないでしょうから、これをどう扱うのでしょう。同じジェスチャーでも文化によって正反対の意味になることまで教えることができるのでしょうか。

そもそもジェスチャーや顔や声の表情などは文化的要素が深く影響するので、よくわからないまま外国語で無理に試みるといかにも不自然で妙な印象になります。

研究授業やスピーチコンテストでも、英語という言語は淡々と話すことが許されないかのように、とってつけたような大げさな身振りや、やたらテンションの高い大きな声をはりあげることが見られるのですが、日本語話者にとって英語は母語ではないのですから、肩肘張らず、ごくふつうに話せば良いのに、といつも思います。

文化の違いといえば、Unit4 I like blue.を読んで、ふと思い出しました。「色」についての認識も文化によって差があります。「緑」を「青」と表現する文化もあって、英語ではgreenの信号を、日本では「青信号」と呼ぶのが一例です。太陽を描かせると文化によって子どもの使う色が、赤だったり黄色だったり橙色だったり、違います。

Unit7では、グリーティング・カードについて知る活動があります。誕生日祝いのカード、お礼のカードなどがある中で、少し気になったのは、Merry Christmas！でした。クリスマスはキリスト教でイエス・キリストの生誕を祝う日ですので、他の宗教があることに鑑みて、Happy Holidays！ということが最近は多くなっています。Let's Try！①の最初では、世界の国々でどのような挨拶をするのかを映像で見て、さまざまな言語があることに「気付いて」から、名前を言って挨拶する練習をします。世界にさまざまな宗教や習慣があることを併せて教えても良いのですが、指導者には負担が大きくないでしょうか。

四年生用のLet's Try！②も、基本的には①と同じような組み立てです。教材の裏ページに「外国語活動の授業でどんなことを学びましたか」という質問があり、例として「ことばっておもしろいと思いました」という感想が出ています。英語で何も言えなくても構わないので、「おもしろい」と思ってくれたら、それで十分だと思います。

「教科」としての英語

外国語活動を終えて小学校五年生になると、教材はWe Can!①になります。全体を通して次のような構成です。

Let's Watch and Think, Let's Listen, Chant, Sing：デジタル教材を視聴
Let's Play：聞いたことをもとにいろいろな活動をする
Activity：すでに習った表現を使って友だちとコミュニケーションを図る
STORY TIME：絵本の読み聞かせ

教材には付属のデジタル教材が付いている上、ＱＲコードで音声を聞くことができるので便利です。指導書（教師用の「指導編」）には指導者が使える表現例も記載されていて至れり尽くせりです。

絵本の読み聞かせ

「外国語活動」としての英語と「教科」としての英語で共通して導入されているのが、

絵本の読み聞かせです。三年生から六年生まで一貫して組み込まれています。絵本の読み聞かせの利点として、文科省は「児童に良質なまとまりのあるインプットができること、絵の助けを借りながら英語で内容を理解する体験をさせることができる」ことにあるとしています。高学年では、これに加えて「音声に十分慣れ親しんだ語彙や表現を自分で読む力につなげる」ことも利点とされています。

三・四年生では絵本を題材にした単元が一つですが、五・六年生では、各単元に絵本を一ページずつ記載しています。これは「題材に関連してまとまりのある文を聞いたり、音声のあとについて読んだりすることを通して、読むことに丁寧に少しずつ慣れ親しみ、自信をもたせ、読むことへの意欲を喚起するため」だと説明されています。五年生のSTORY TIMEは、各単元の内容がつながっていて、九単元分で一つの物語になっていますが、六年生になると単元ごとに話が完結します。

この考え自体はうなづけるものですが、指導者に対する留意点を読むと「一方的に絵本の台詞（せりふ）を読むのではなく」「台詞以外の言葉をより使って」「児童とやり取りしながら読むようにする」「ジェスチャーをつけ、表情豊かに読む」という指示があります。これは英語力に不安がある小学校教員にとってハードルが高くないでしょうか。「英語のリズムやイントネーション、語彙や表現に繰り返し触れる」との指示がありますが、三年生から六年生までの四年間にわたり妙なリズムやイントネーションに繰り返し触れたら、白紙状態の子どもに誤った音声やリズムを刷り込んでしまうことになりかねません。

子どもに対する絵本の読み聞かせは有効ですが、それには読み手の言語能力や表現力が大きく関わってきます。これは日本人であろうとネイティブ・スピーカーであろうと同じです。母語であっても声を出して読むのが下手な人はいます。指導者はジェスチャーなど余計なことに気をつかわず、正確な英語の読みを十分に練習するべきです。国際共通語としての英語を使う場合は完璧な発音にこだわらずどんどん話すが勝ちですが、英語を教えるにあたっては英語の音声の特徴をしっかり把握して指導しないと、学習者が被害を被ります。

発音指導は、小学校では入っていません。専門家が少ないことを勘案しての判断でしょうか。大人より子どものほうが音声を吸収しやすいので発音を教えるのは早いほうが良いと言われることがありますが、それは同時に、間違った発音もそのまま覚えてしまうことを意味します。専門家でない指導者が発音やイントネーションを指導することは弊害が避けられません。

教職課程で音声学をしっかり学んだ教員が小学校での指導を担当するようになるまでは、リスニング教材を聞かせるだけにするしかないでしょう。

小学六年生のWe Can!

小学校の最終学年である六年生が使用するWe Can! ②を見てみると、五年生にはなかった活動があります。
Sounds and Lettersでは、文字と音の結びつきを教えようとします。たとえば、〝b〟という音を教え、baseball, birthdayなどの単語につなげます。〝k〟なら、catやcornです。
Let's Read and Writeでは、段階を踏んで読んだり書いたりすることを学びます。この練習は各単元に入っていて、毎時間、一文ずつ書き写したり、例文の一部を書き換えたりします。単元最後の活動では、書きためた文を参考にスピーチ原稿を作ることになっています。これは中学でまとまりのある文を読んだり書いたりすることにつなげる意図があると説明されています。

スモール・トーク

子どもたちが使う教材には出ていないけれど、教師が使う指導編に記載されているのが、Small Talk というものです。教科としての「英語」で授業の初めに取り組むことになっていますが、学年によって違いがあります。五年生では「指導者によるまとまりのある話を聞いて分かったり、既習表現を繰り返し聞くことで、それらを使えるようになったりする」のが趣旨だと述べられています。六年生では、「既習表現を繰り返し使用できるようにしてその定着を図ること」「対話の続け方を身に付けること」が趣旨だと説明されています。たとえば、六年生用の We Can!② Unit1 では、児童二人が次のような会話をすることになっています。

児童1：What sport do you like?
児童2：I like soccer.

児童1：You like soccer? That's nice. Why?
児童2：It's fun. How about you? What sport do you like?

六年生最後になると、どの程度に難易度が上がるのか見てみると、最終単元では登場せず、Unit8で用意されているSmall Talkは、Where do you want to go? から始まる、先の例と似たようなパターンの会話です。

英語で言うsmall talkは、大して意味はないけれど、ちょっとしたおしゃべりで人間関係を円滑にする世間話や雑談のことを指しますが、小学校六年生が授業で行うSmall Talkという活動は少し違うようで、会話の定型パターンを覚えて使うような印象を受けます。

実際の授業で教師がどのように指導して子どもたちに対話をさせるのか、決まり文句以外の英語を話す子どもがいた場合に、どのように対応するのか。あるいは相手にとって失礼になるような英語が出てきた場合に教師はどう対処するのかなど、不確定要素が多くなりそうです。そうならないように英文を暗記させて言わせるということですと、従来型のパターン暗記と変わらないわけで、本来的なコミュニケーションではなくなります。もっとも小学生が週に二回ほど教室で英語を勉強したくらいでコミュニケーションは無理ですから、ないものねだりはせず、基礎固めに集中すれば十分ということでしょう。

実際に登場する英語

それでは、少し、実際の単元を見てみましょう。

We Can! ①は、Unit1 の Hello, everyone. から始まります。自己紹介の英語を学びながらアルファベットを学びます。

Hello, I'm (Saki). My name is (Kosei). などと名乗り、Nice to meet you. という初対面の挨拶を習います。How do you spell your name? と聞かれることを想定して、K-o-s-e-i のようにスペルを答える練習をして、アルファベットを勉強します。

Unit2 は、When is your birthday? と、誕生日がいつかを質問します。

Unit3 では、What do you have on Monday? とあるので、何のことだろうと思ったら、月曜は何の科目があるの？　と聞いているようで、体育（P.E.）や算数（math）などが出てきます。

Unit4は、What time do you get up? と朝は何時に起きるのかを尋ね、次のUnit5では、She can run fast. He can jump high. が出てきます。速く走れる子、高く飛べる子が出てきて、誰が何を得意としているか話し合うようです。

Unit6では行きたい国を聞き、Unit7では宝探し、Unit8はWhat would you like? という質問が出てきます。どうやら食べ物の好みを聞いたり値段を聞いたりする練習のようで、I like spaghetti. とかHow much? などの英語が登場します。

最後のUnit9は、Who is your hero? で、憧れの人は誰かを話し合う設定です。

「海に行った」の英文表現からわかること

小学校六年生対象のWe Can! ②に進むと、少しレベルが上がります。たとえばUnit1が自己紹介から始まるのは同じですが、I'm from Shizuoka. など出身地を言ったり、I like soccer. と好きなことを言ったり、My nickname is Ken. のようにニックネームを紹介したりします。

Unit2は、日本の文化を説明することになっていて、Welcome to Japan.と歓迎したあとに、花火大会（fireworks festival）が出てきます。ただ、*soba, fukuwarai, rakugo, hanami, tempura*など、日本語をローマ字にしただけですから聞いた外国人はなんのことかわからないのではないでしょうか。

Unit3は、人物紹介がテーマで、He is famous.（彼は有名だ）、She is great.（彼女はすごい）や、I can swim.（私は泳げる）などの表現が出てきます。この辺は五年生の教材とだぶる印象です。

Unit4では、I like my town.というタイトルで、自分の町を紹介します。Sakura is nice.などお国自慢の英語表現を学びます。

Unit5は夏休みsummer vacationの思い出です。祖父母の家に行った（I went to my grandparents' house.）や、釣りが楽しかった（I enjoyed fishing.）などの英語が出てきます。夏休みにしたことがいろいろ出ている中で、I went to the sea.という例文が出ています。日本語で「海に行った」という時には、泳いだり浜辺で遊んだりの海水浴を指します。これを英語でどう表現するかは、いろいろです。よく使われるのはI went to the beach.なので、例文に違和感を持つネイティブ・スピーカーもいるようです。もっともイギリス英語ではI went to the seaside. もありますし、I went to the sea. が使われることもありますが、ことばの使い方は難しいものです。日本の英語教科書はアメリカ英語が多いのに、なぜここではアメリカで一般的なthe beachが使われていないのかは不明です。

Unit6では、オリンピック・パラリンピックが話題です。何を見たい？（What do you want to watch ?）、車椅子バスケが見たい（I want to watch wheelchair basketball.）などの表現を学びます。

Unit7は、小学校生活の思い出を語り合うユニットです。What's your best memory ? という質問に対して、My best memory is…. と答える対話を練習します。

Unit8は、将来の夢です。What do you want to be ? 何になりたい？という質問に、I want to be an astronaut.（宇宙飛行士になりたい）という例文が出てきますし、baker, florist, vet, dentistなどいろいろな職業が登場します。

Unit9は、Unit8の将来の夢から、目の前の近い将来に話題が移り、中学校生活がテーマです。What club do you want to join ? 部活は何をやりたい？と一人が聞き、もう一人が答えるという会話です。中学生になったら、しっかり勉強したい(I wan to study hard.)、本をたくさん読みたい(I want to read many books.)など健気(けなげ)な英語が出ています。

二〇二〇年度からは、各教科書会社が作成した教科書が使われます。どのような内容かはまだわかりませんが、新学習指導要領に準拠したものが審査に合格し採択されます。

小学校の「英語活動」や教科としての「英語」について新学習指導要領を読み、文科省作成の教材を読むと、「子供一人ひとりの発達をどのように支えるか」という配慮までは明確には見えてきません。英語によるコミュニケーションという実用性を目指して指導案が考えられている印象が強いのですが、小学生なのですから、性急に結果を求めるのではなく、長い目で見て人間としての成長という視座から、英語を考えたいと思います。

次の項では、発達心理学の調査から子どもの成長について明らかになったことを紹介します。

3　発達心理学が教えてくれること

小学校英語がどうなるのか、使われる教材を見て、皆さんはどう思われたでしょうか。あ、この程度なら安心、と感じた方よりは、ええっ、こんなことまでやるの？　と驚いた方のほうが多いかもしれません。しかも教える先生が専門家とは限らなくて、先生自身が不安を抱えているなんて、どうしよう。やっぱり英語の塾に通わせようかな、小学校に入る前に英語を教えてくれる幼稚園や保育園を探そうか、などと浮足立ってはいないでしょうか。

どうか慌てないで下さい。

子どもが順調に母語を獲得することが、どれだけその後の外国語学習だけでなく学習全般の支えになるのか、ということを発達心理学の研究から学びたいと思います。

発達心理学というのは、人間の生涯を通しての心身の成長や発達過程を研究する心理学の一分野です。その中でもとくに言語発達や認知発達の領域で得られた知見をもとに、子どもの英語学習について考えてみましょう。

英語塾に通わせると英語力がつくか

まず、英語や英会話の塾に通わせることが、中学に入ってからの英語力に関係してくるのかどうか、研究結果を見てみます。

発達心理学の第一人者である内田伸子さんが、お茶の水女子大学附属中学校の生徒たちの協力を得て、調査を行いました。[*2]

幼児期・児童期に英会話塾に通ったことのある生徒と帰国子女の「英語既習者」グループと、幼児期・児童期に英語を習ったことのない「英語未習者」グループの両方に、中学一年生の終わり頃に英語学力テストを受けてもらい比較したのです。試験は、大学入試センター試験と同じように、リスニング（聴解問題）二〇パーセント、リーディング（読解問題）八〇パーセントという構成でした。

その結果は、どうだったでしょうか？　二つのグループにはまったく差がありませんでした。英語塾に通っていた子も、海外で過ごした子も、英語を習わないまま中学に入った子も、英語の試験では差が出なかったというのです。その後もずっと追跡調査を行ったところ、自宅での学習習慣がない子どもは学年が上がるほど、英語はもちろん、国語も理科、数学、社会などの教科も成績がどんどん低下していったそうです。

この調査結果に私はあまり驚きませんでした。というのも、私立の一貫校では、公立小学校に通い英語は勉強しないで中学から入ってきた生徒と附属小学校で英語を学習してきた生徒の差は、一年もたたないうちになくなってしまうことが多いのです。理由として挙げられているのが、中学から入ってくる子どもは入試という試練を経ているので、学習習慣がついていて勉強の仕方(学習方略)を知っているという違いです。

せっかく英会話を小さい頃から習わせても、中学での英語には役立たない、という事実に落胆なさったでしょうか。それとも、勉強には効果がなくても小さい頃からやっていれば発音は英語らしくなるはずだ、と思われるかもしれません。確かに発音は小さいほど容易に身につけます。英語圏で育った帰国生の発音はまるでネイティブ・スピーカーのように聞こえます。でも、国際共通語という視点から見ると、英語母語話者のような発音は、それほど重要な要素ではありません。他のことを犠牲にしてまで追い求めるべき目標ではないのです。むしろこれからは、何を話すか、話す内容が問われます。

しかも日本にいて英語塾で身につける英語の音声が、どのようなものであるかは、指導者によります。なかには、あっと驚くような発音指導をしている場合もあるので、むしろマイナスになる可能性もあります。そもそも母語話者並みになる必要がないのですから、幼児期から無理やり英語の発音を教え込まなくても、中学生になってから、いや社会人になってからでも、十分に英語らしい音を習得することは可能です。

幼児期・児童期は、どの人間にとってもかけがえのない母語を貪欲に吸収している時期です。生後一六〜二〇ヶ月は「語彙爆発」と呼ばれる時期で、語彙がめざましく増えます。その後も、周囲の大人や兄弟姉妹や友だちとのやりとりを通して子どもはことばを学び続けます。平均的知能の六歳児では、一日に約二二の新語を学ぶと言われます。幼児期・児童期は、「言葉あそび」や絵本の「読み聞かせ」などを通して、母語の基本である絶対語感や音韻規則を全身で吸収している肝心な時期なのです。この時期に培った母語の力が土台となって、やがて意識的に外国語を学ぶ際に力を発揮するのです。[*3]

幼児期のしつけと学力――PISA調査から

幼い子どもにとって母語を獲得することがいかに重要かということを知るために、もう一つの研究結果を紹介します。子どものリテラシー（読み書き能力）習得に及ぼす社会・経済・文化的要因の影響を調べた国際調査です。経済の発達度は違うけれど儒教や仏教を背景に持つ日本（東京）・韓国（ソウル）・中国（上海）・ベトナム（ハノイ）・モンゴル（ウランバートル）で、三〇〇〇名の三・四・五歳児を対象に個人面接調査を実施。その子たちが小学生になるまで追跡しPISA調査[*4]を受けてもらい、保護者全員と保育者全員に、子どもたちの文字環境やしつけ、絵本の読み聞かせの頻度、塾や習い事の種類、子どもの学歴への期待度、家庭の蔵書数、所得などについて、アンケート調査をしたのです。[*5]分析方法など専門的なことは省き、結論に飛びます。

五歳児に対する早期教育の効果を「語彙力」（知的能力）の面から測定したところ、習いごとをしていない子どもより習いごとをしている子どものほうが高い成績だったのですが、その習いごとの種類による差はなかったのです。つまり、英語や受験塾など学習系の塾に通っているか、ピアノや水泳や体操などの教室に通っているか、習いごとの種類による違いは出ませんでした。

ということは、塾で勉強するから語彙力が高くなるのではなく、習いごとをすることで家庭や幼稚園・保育園とは違う大人と出会ってさまざまなことばを聞く機会が増え、コミュニケーションが豊かになったことが理由だろうと推測されています。

保育の場による違い、すなわち通っているのが幼稚園か保育園かでの違いは出なかったとも報告されています。大きな違いは、むしろ保育形態にあり、「自由保育」で育てられている子どものほうが「一斉保育」の子どもより語彙力が高いという結果が出ています。

「自由保育」というのは、子どもの自発的な遊びを大切にしている子ども中心の保育形態で、幼稚園や保育園かを問いません。「一斉保育」は、小学校での国語や算数、英会話などの先取り教育、鼓笛隊や体操の訓練などをしている保育形態です。意外かもしれませんが、決められた時間割でしっかりお勉強させる一斉保育より、好きなように遊ばせている自由保育の子どものほうが、はるかに豊かな語彙力があるというのです。しかも年長になるほど、その差が開くというのです。

もう一点、子育て中の親が知っておくべき調査結果があります。語彙得点（知的能力）

が高い子どもは、「共有型しつけ」を受けていて、語彙得点が低い子どもは「強制型しつけ」を受けていることが判明しました。

「共有型しつけ」とは、「親子のふれあいを大切に、子どもと楽しい経験を共有する」という考えの育て方です。その反対が「強制型しつけ」で、「子どもをしつけるのは親の役目、悪いことをしたら罰を与えるのは当然だ」「言うこときかなきゃ、ひっぱたく」育児です。このような「強制型しつけ」では、所得の多寡に関わりなく、リテラシー得点も語彙得点も低い結果でした。

追跡調査で判明したこと

追跡調査によれば、調査対象になった子どもたちが小学校に入り一年間学習したあとにＰＩＳＡ型学力テストを受けてもらったところ、幼児期に絵本の読み聞かせをたくさんしてもらって語彙が豊かな子どもは学力テストの成績が高かったそうです。ブロック遊びやダンボールで工作したり絵を描いたり砂遊びをしたりして指先をよく使っていた子どもも、成績が高かったとのことです。つまり幼児期の生活や遊びが学力テストの結果に影響を及ぼしていたわけで、幼児期の語彙能力と指先の器用さは小学校の国語能力を高めることが調査で判明しました。

「共有型しつけ」「自由保育」の結果を見ると、「子どもの主体性を大事にする大人の関わり方が子どもを伸ばす」と言えそうです。子どもが通うのは幼稚園でも保育園でも違いはないけれど、どのような保育をしている園かということはよくよく見極めたほうが良さそうです。加えて、親自身が子どもの主体性を尊重しているかを自省することも求められそうです。学力というのは、言葉を換えて言えば、自分で考える力であり、答えのない問題に直面してもなんとか解決しようと探求する力ですから、いつも大人に指示されていると、自分で考えることをしなくなり、他力本願になれば学力は伸びないことになります。

大学入試にも有効な「共有型しつけ」

「共有型しつけ」が小学校の学力に効果があることはわかったけれど、大人になったらどうなの？　しっかりしつけられた子どものほうが結局は大学入試なんかで勝つんじゃないの？　という質問も出そうです。内田伸子さんも同じような疑問を抱き、乳幼児期のしつけが成人した子どもにどう影響を与えたかの調査を二〇一三年に行いました。

二三～二八歳までの娘や息子を二～三人育てた家庭二〇〇〇所帯を抽出して、子どもが乳幼児期～児童期に何に配慮して子育てしたかを、インターネットを使った「ウェブ調査」で回答してもらいました。[*6]

結果はどうだったでしょうか。なんと、受験偏差値六八以上の難関大学・学部を卒業して難関試験（司法試験、国家公務員試験、医師国家試験など）を突破した子どもを持つ親は、就学前の幼児期に「子どもと一緒に遊び、子どもの趣味や好きなことに集中して取り組ませた」と答え、絵本の読み聞かせもたっぷりしていたことが明らかになったのです。子どもと一緒に楽しむタイプの親が多かったということは、「共有型しつけ」は大学入試にも難しい国家試験にも有効だったことになります。

もちろん、人生の目標はエリートになることではありません。最難関の大学から最難関の役所に入った超エリートたちが国民を欺（あざむ）く虚偽の答弁をした（させられた？）ことは記憶に新しいところです。エリートにならなくて良いから人間的な温かさのある真っ直ぐな大人に育って欲しいと思います。でも、この調査が教えてくれるのは、厳しい大学入試を乗り切り、難しい国家試験に合格するような力は、幼い頃に指示され叱られながら勉強したからではない、という点です。好きなことに夢中になって遊ぶことで将来のチャレンジに立ち向かう力が培われたらしい、ということです。

子どもの「遊び」は「学び」

大人にとっての遊びは、仕事ではないことで楽しむものですが、幼児期・児童期の子どもにとっての「遊び」は、最大の学習なのです。この遊びで子どもは多くを学びます。自分で考え自分で工夫し自立への力をつけていくのです。だから、遊んで育った子どもたちのほうが、受験勉強に強い力を発揮するのではないでしょうか。

「共有型しつけ」が、なぜ大人になるまで影響を与えたのかについて、内田さんは次のように説明しています。

親が子どもの自発性・内発性を大事にしていて、子どもが熱中していて遊ぶのを認め、「おもしろそうだね」と共感してくれるということは、子どもにとって、何よりの安心になります。大好きな親にほめられるとうれしいし、達成感も倍加します。小さな成功体験を重ねながら自信もわいてきます。難題をつきつけられても、「きっと自分は解決できる」という気持ちになり、挑戦力もわいてきます。こうして大人になるまで、自力で目標にしたことを自力で達成する経験を積み重ねた結果が、難関試験を突破する力に育っていったのでしょう。[*7]

ノーベル賞受賞者からのことば

本書の第一章で「自己効力感」が外国語学習の成否に大きく関わることを紹介しました。「自己効力感」とは、「やればできる」と自分の力を信じる自信です。それがあれば、外国語にも挑戦してみようという気持ちがわきます。その「自己効力感」を育てるのは、子どもの「自発性・内発性を大事にする」子育てだということが、発達心理学の調査でわかりました。

「自発性・内発性を大事にする」と言われても、漠然としていてどうしたら良いかわからないかもしれませんが、「こうしなさいって言ってるでしょ！」と指示し「言うこと聞きなさい！」と命令するのではなく、子ども自身に考える時間を与え、愛情深く忍耐強く側面から助けることが子どもの内面の成長を促すようです。

ノーベル賞受賞者を世界各国から招いたイベントで通訳をしたことがありました。アメリカから来た物理学者に「子どもをあなたのような科学者に育てるには、どうしたら良いですか？」と質問してみました。すると彼は間髪を入れず、こう言ったのです。「何もしないのが良い。すべての子どもは生まれながらの科学者なのに、周囲の大人が寄ってたかってダメにする」。これは、子ども自身が自発的に考え内発的に探求するのを邪魔しなければ、子どもは自らの力で成長していく、ということなのでしょう。

内面の成長は目に見えず、結果が出てくるのは一〇年も二〇年も経ってからですから、親はついつい目の前の子どもを見てイライラしたり気を揉んだりするのですが、子育ては時間がかかるものだと腹をくくり、わが子の力を信じ、将来の成果を楽しみにするしかありません。

親の目指すべき姿とは

育児には「強制型」「共有型」の二種類があることがわかりましたが、たいていの親は、その二つの間を揺れ動くのではないでしょうか。子どもの主体性を尊重しなければと考えてはいても、忙しいときにはついつい目を吊り上げて「早く！」と急かしてしまいますし、「イヤだ」と駄々をこねられると思わず「言うこと聞きなさい！」と命令してしまいます。危ないことをしているときや他人に迷惑をかけそうな際は、「やめなさい！」と怒鳴ります。いつもニコニコと見守るわけにはいかず、うまく説明できない子どもの意思をいちいち聞いてなんかいられないこともあります。常に完璧な親などいないでしょう。

でも、発達心理学の一端を知ると、少なくとも、目指すべき親の姿は見えてきます。試しに実践してみると、ぐずっているように見える子どもには、それなりの理由があることもわかってきます。お昼に用意したのり巻きを食べようとしない幼児に、「ちゃんと食べなさい！」と危うく叱りそうになるのをぐっとこらえて「どうして食べないの？」と聞いてみると、「ニオイがイヤ」と答えました。どうやら酢飯の匂いが嫌いなようです。幼い子でも、それなりの理由があるわけです。

「しつけ」と称して、子どもが命を落とすほど虐待するような痛ましい事件が続いていますが、虐待は、しつけではなく暴力そのものです。暴力でコントロールすると子どもは恐怖で従うけれど何も学んではいないどころか、脳の萎縮を招き発達に深刻な影響を及ぼすことが最新の研究でわかってきました。暴力は論外のはずですが、体罰についてはいまだに容認論が根強いのが気になります。*8

子どもの主体性を重んじて自発性を育てるのには、親がゆったりと子どもに接する必要があるので、時間がかかります。仕事を持っている親は、忙しいのにどうしようと思うことがあるかもしれません。でも親子のふれあいは時間で決まるのではなく、密度だと思います。量ではなく質です。昼間は保育者が親代わりをするとしても、帰宅してからの時間を大切に過ごせば良いのではないでしょうか。そうやって子どもが夢中になって遊ぶのを見守り一緒になって楽しむことで、子どもに自己効力感が育ち、主体的に学ぶ力がつくというのです。

これは最終的に英語学習の成功につながります。

このように見てくると、幼い子に英語を教えるか否かはさして大きな意味を持たないことになります。うまくいけば少し英語に親しみを抱くでしょうし、悪くすれば英語嫌いになるリスクも抱えます。いずれにしても、中学高校に進んでからきちんと学ばないと英語を使えるようにはなりません。英語塾に通わなくても、十分に遊んで育った子どもは伸びる、と知れば、親としての姿勢が決まるのではないでしょうか。

終章　未来を生きる子どもたちと英語

1　子どもと英語をどう考えるか

英語一色の日本社会の中で

二〇二〇年からの英語教育について知れば知るほど、わが子の英語をどうしよう、と悩みは深くなるのではないでしょうか。公立小学校で英語を教えてくれるんだと喜んでいたら、英語が専門ではない学級担任が教え、児童教育が専門でない人たちが英語の助っ人に入るなど、準備体制が十分に整備されないまま見切り発車している。中学校や高校の英語教育は「使える英語」を目指して抜本的改革を三〇年も続けているのに英語力向上につながっていない。大学入試改革での英語は、認定された多種の業者による民間試験にお任せとなり、透明性も公平性も担保されない。それどころか受験料がかかり試験会場がない地域もあるなど経済格差や地域格差がこれまで以上に高校生を直撃する。いったい、どうしたら良いのだろう、と親は頭を抱えるしかありません。

日本社会の今の流れは英語一色です。それも民間の英語検定試験の点数や級だけが評価の対象です。これは英語教育政策のせいもありますが、英語を話せないと人生真っ暗かも、TOEFLやTOEICなど民間試験のスコアが低いと就職できないかも、という空気が社会を覆っていることも影響しています。これからは英語が人生を決めると信じて、早くから英語を習わせようと必死の親もいます。いくらなんでも二歳や三歳から英語をやらせる必要はないと考えている人も、自分だけのことなら時流に逆らうけれど、子どもの将来を考えたら、やっぱり妥協せざるをえないだろうか、と悩みます。

子どもを取り巻く環境を見回すと、公立小学校では有無を言わせず英語教育が始まり、その余波で入試に英語科目を入れる私立中学校が増えています。英語の早期教育が大繁盛で、すべて英語で保育するナントカ・インターナショナル・スクールや子ども向けの英語塾があちこちに出現し、英語を教える保育園や幼稚園が全国的に増えています。児童向け英語教材も大人気です。子どもは英語と付き合わざるをえない世の中になっています。

いや、それどころか、今の子どもたちはまっすぐ育つのだろうかと懸念されるような事態も起こっています。ある英語教師が病気で入院したところ、病院の近くに英語を教える幼児の塾があるらしく、泣きながら英単語を何度も言わされている幼い子の悲痛な声が病室に聞こえてきて、治療どころか胸が痛くなったと話していました。日本語で童謡を歌い絵本を読んでもらい母語の世界を作り上げているべき年齢の子どもに、そこまでして英語を強いるのかと、暗澹たる思いになりました。

そのような趨勢の中で、親はどういう立ち位置で子どもと英語に向きあったら良いか。これからは、それが問われるのではないでしょうか。英語一辺倒の日本社会に否応なくどっぷり浸かりながらも、わが子の英語に一喜一憂するのではなく、長い目で将来を見据える姿勢が親に求められるのではないでしょうか。

そのためには、何を軸に判断したら良いのか、これまでの章をふまえて、考えてみようと思います。第一章で書いたことと重なる部分は、可能な限り省略し、別の視座から説明しますので、二つの章を合わせて読んで下さい。

ことばを学ぶということ

「ことばを学ぶ」と一口に言いますが、母語と外国語では決定的な違いがあります。「獲得」(acquisition) と「習得」(learning) の違いです。広い意味での「習得」は言語一般に使いますが、厳密に分類すれば、母語は意識しないまま自然に「獲得」します。他方、外国語は通常、意識して「学習」し「習得」します。手話言語は環境により、母語として獲得する場合と意識的に習得する場合とがあるようです。[*1]

母語は、赤ちゃんが母親の胎内にいる頃から外界の音を聞き、生まれてから周囲の人々の話し声を聞いて少しずつ獲得するものです。生後八ヶ月くらいまでは、言語以前の「音」を発するだけですが、よく観察してみると、母親もしくは代わりに世話をする大人と意思疎通をはかっているかのような動作が見られ、生後一年ほど経つと頻繁に耳に入ることばを理解するようです。やがて二歳を過ぎたあたりから急速に言語能力が発達し、自分が伝えたい意味を幾つかの単語を文法規則に従ってつなげて使うことができるようになります。[*2] これは、世界中で同じだといいます。ふつうの状態で育った人間なら誰でも同じようなプロセスを経て、生後五~六年で母語を使えるようになりますが、これは考えてみれば不思議なことです。どうして、そうなるのかについては、いくつかの学説があります。

一つは、行動主義的観点からの「模倣説」。アメリカで一九四〇年代から五〇年代にかけて流行したスキナー（B. F. Skinner）という心理学者の説に基づくもので、子どもは、周囲の大人の言葉を真似して練習することでことばを覚える。だから子どもの言語能力は育つ環境によって左右されるという見方です。

それに対して出てきた考えが「生得説」。チョムスキーという言語学者の理論では、人間の脳には言語獲得の装置が生来的にプログラムされていて、これは普遍的なものである。だから子どもは、育つ社会や文化とは関係なく、いわばテンプレートのような普遍性に基づいて母語（第一言語）を獲得するというのです。

そして三つ目が、発達心理学や認知心理学の視点から出てきた「相互作用説」。子どもには生得的な学習能力があることを認めつつ、生まれ育つ言語環境の中で聞いたり話したりという体験を通して母語を獲得すると考え、言語獲得は認知的発達と密接な関係があるという主張です。

この学説を代表する存在の一人として、ヴィゴツキー（Lev Vygotsky）がいます。一九二〇年代から三〇年代のソビエト連邦で研究をした心理学者で、言語の発達は主として社会的な相互作用（interaction）によると説明しました。一人ではできないことを仲間や大人の支え（scaffolding：足場かけ）でできるようになって次の段階に進む、それによって言語と思考が発達すると考えたのです。この学説は、協同学習の理論的基盤になっていますし、社会文化理論として現代の外国語教育にも影響を与えています。

「バイリンガル」という存在

このように母語の獲得だけでも異なる見解があり、ことばを学ぶメカニズムは謎に満ちているのがわかります。

意識的に学習する外国語については、関係している要因が多いので、もっと複雑です。何が成功の決め手になるのかは、指導方法や教材だけでなく、学習者の個性やアイデンティティ、社会文化的要素などが密接に絡み合うので、長年にわたり研究が続けられているものの、まだ決定的な結論はない、と考えられます。

母語と外国語の両方に関わるバイリンガル（二言語使用者）についても、個々の違いが大きく、一概には説明できない難しさがあります。

生後すぐから二つの言語で育った子どもと、あとから母語とは別の言語を習得する場合とでは違いますし、二つの言語をほぼ同じくらいに使える「均衡バイリンガル」(balanced bilingual) もいれば、両方の言語が質的にも量的にも十分ではない「セミリンガル」(semilingual) もいます。

ちなみに、一つの言語だけ、つまり母語しかできない人間は「モノリンガル」(monolingual) です。あーあ、私は日本語しかできない「モノリンガル」なんだ、とがっかりしないで下さい。義務教育で英語を勉強していれば、母語とは別の言語を学んだわけです。英語と日本語は違うと知っていますし、海外旅行や仕事でいざとなれば英語をなんとかひねり出すことができるでしょうから、広義の「バイリンガル」に含まれます。

バイリンガル幻想

ただ、日本で「バイリンガル」と言うときには、子どもの頃に一定期間を海外の外国語環境で過ごし、ネイティブ・スピーカーのように外国語(とくに英語)を話せる人を指すようです。「子どもだけはバイリンガルにしたい」という親の本音は、多くの場合「英語がペラペラになって欲しい」という願いで、それが幼児対象の英語産業を盛んにしています。

幼児の二言語併用がマイナスに作用する例として挙げられるのが、移住などにより第二言語環境で育つ子どもが第二言語習得の過程で母語を喪失していく「減産的バイリンガリズム」（subtractive bilingualism）です。これは子どもの自尊心を傷つけ、家族との関係に悪影響を及ぼすことになり、もう一つの言語も不十分なことから学校での勉強についていかれなくなります。これを解決するのは、第二言語を学びながら家庭の言語も維持する「加算的バイリンガリズム」（additive bilingualism）となりますが、子どもが育つ地域や二つの言語の力関係などが関わるので、単純ではありません。

そのようなバイリンガル研究をふまえて英語学習を考えると、日本の子どもが置かれている現実を見極める必要がありそうです。第一に、日本語で暮らして何ら支障のない日本社会で、英語はあくまで外国語であって、ふだんは使わない言語です。

第二に、日本語と英語は言語体系が異なります。発音から語順、コミュニケーション・

スタイルなど、すべてが違います。米国連邦政府職員を対象にした国務省の外国語訓練機関では、英語母語話者がフランス語やスペイン語などを集中して学べば半年で何とか仕事に使えるレベルになるそうです。お互いが親戚同士のような語系の言語だからです。ところが日本語や中国語、韓国語は英語母語話者にとって「超困難な言語」で、集中訓練を二年くらい実施し、なおかつ現地での学習が必要とされています。*3

このような状況を考えると、日本の子どもに英語を学ばせてみても、それほどの効果は期待できそうにありません。早いうちから英語を教えればペラペラになる、というのは幻想です。「ペラペラ」というのが、どの程度の運用能力を指しているかにもよりますが、ネイティブに近い（と日本人が思う）発音で、ちょっと何かをしゃべる程度では、使える英語とはいえません。

内容を伴った、意味のある英語を相手にわかるように話すには、読み書きを通して必要な語彙を学び、論理的な組み立てを習得する必要があります。お子さま英語では間に合いません。

これは日本語に置き換えてみればわかります。子どもが話すような日本語では、社会人として通用しません。大人としての語彙を知り、相手や状況を勘案して適切な使い方をすることが常識として求められます。そのような常識——言い方を変えれば暗黙の規範や規則は、社会の中で使いながら徐々に学んでいくものです。子ども時代に覚えたことばを、さまざまな場面で使ってみて注意され直されて、正しいことばや使い方を身につけて一人前になります。英語も同じ、というか、外国語なので、母語よりさらに習得への努力が不可欠になります。

2　未来へつながる英語力を育むために

不確実な時代を生きる

今の世の中、グローバルなんだから、英語ができなきゃ生きていかれないんだ、負け犬になっちゃうぞ、と思いつめているのは現代日本社会に特有の雰囲気です。

確かに英語は現時点では国際共通語として機能していますが、世界の歴史を振り返ってみれば、共通語は時代とともに変遷します。ギリシャ語しかり、ラテン語しかり。一八世紀以降、第一次世界大戦まで外交用語として使われたのはフランス語でした。ところが、一九一九年に第一次世界大戦の戦後処理について協議したパリ講和会議では、フランス語を話せないアメリカのウィルソン大統領と英国のロイド＝ジョージ首相が出席したため、フランス語と並んで英語が初めて外交用語として認められ、フランス語―英語の通訳者が必要になったことが会議通訳の始まりとなりました。そしてそれ以降はフランス語ではなく、英語が世界の言語として君臨することになったのです。言語の優劣ではなく、国家の力が作用したわけです。

そのようにして国際共通語の地位を得た英語は、インターネットの発達でますます共通語としての役割が強くなりましたが、この状況が未来永劫（えいごう）続くかどうかは保証の限りではありません。現に、この英語一辺倒の日本でも、社員に中国語を学ばせる商社が出てきています。とりわけ最近の世界は変動が激しく、未来が予測不能になっています。そのような不確実な時代に生きることを余儀なくされる子どもたちにとって不可欠なのは、不確実性の中で生きていく力を身につけることでしょう。

日本独特の「コミュ力」

「コミュニケーション能力」「コミュニケーション力」という用語は、最近、英語に限らず、日本語としてよく使われています。就職でも必要とされ、経団連が企業を対象に行うアンケート調査で、新卒採用で選考にあたって重視した点の一位は、二〇一七年まで一五年続いて「コミュニケーション能力」です。ただし定義がなされていないので、企業の考える「コミュニケーション能力」は一体どういうものなのか判然としません。これは政府文書や学習指導要領でも同様です。

定義もなく、なんとなく漠然と使われているうちに、若者たちは「コミュ力」という言葉を使い出しました。その中身は、周囲の空気を読んで上手に話をするスキルを指しているようです。その場に合わせて会話ができないと「コミュ障（コミュニケーション障害）」などとレッテルを貼られてしまいます。こうなると、他人が自分をどう見ているかが気になって、無理に周囲と合わせて演技をするようになる。これは「コミュニケーション」の意味が狭くなっている印象です。[*4]

コミュニケーションへの意欲

英語の communication にはさまざまな定義がありますが、コミュニケーションを「異質な他者との関係構築」として捉える考えに収斂(しゅうれん)できそうです。

言語学者で「コミュニケーションの六機能」でも知られるヤーコブソン[*5](Roman Jakobson)は、コミュニケーションを社会の中で起こる「出来事」(event)だと解釈し、コミュニケーションの機能を説明しました。コンテクストの中で何かを指し示す「言及指示的機能」、メッセージそのものに焦点を当てる「詩的機能」、話し手の心情などに焦点化した「表出的機能」、メッセージの受け手に焦点を置いた「動能的機能」、あいづちなどの「交話的機能」、意味や文法など解釈に焦点がある「メタ語用的機能」の六つです。[*6]

ガンパーツ(J. J. Gumperz)という社会言語学者はコミュニケーションを相互行為としてとらえ、「二人もしくはそれ以上の個人が、相互に努力して成立させる社会的活動」と定義[*7]しています。第二章でも述べましたが、言語人類学者のハイムズは、社会の一員としてことばをコミュニケーションに使えることを「コミュニケーション能力」と呼びました。これは外国語教育にも多大な影響を与えました。

外国語教育との関連では、「他者と対話する意欲」（ＷＴＣ＝willingness to communicate）を最終目標とする考えもあります。[*8] この概念モデルには、社会的状況などの要因に加え、自信や不安など個人的な要因が含まれていて、自己効力感も影響することがわかります。

積極的にコミュニケーションをとろうとする意欲が大切だ、とよく言いますが、母語であっても、「コミュニケーションへの意欲」は、多層的な要因が絡み合って一筋縄ではいかず、外国語で「コミュニケーションをとろうとする意欲」をどう生み出すかは、大きな教育的課題です。

外国語学習というのは、社会から切り離された真空状態でなされるものではなく、個々の人間を取り囲む環境や、その環境に影響されて育つ個性を考慮しないわけにはいきません。その中で最も大きな影響を及ぼすのが、家庭のあり方かもしれません。子どもを育てる親の意識や態度や姿勢ともいえます。

子どもの英語力は「小さな問題」

幼児に英語を教えることが多くなっている昨今、家庭で子どもを育てる際に、優先順位をつけたらどうだろうと思います。まともな人間として育つために絶対に必要なことを最優先するのです。

その視点から考えたら、英語が少しばかりできるかどうかなど、小さな問題です。幼稚園や小学校で習う英語は、そのままでは大人の英語になりません。学習指導要領式に言えば「素地」になれば十分だからです。

本人が何らかの理由で必要性を感じて意欲が生まれれば、学校で学んだ英語を基盤に、相当な英語を使えるようになります。幼児期から成人するまで十数年間も親がガミガミ言ってやらせるほどのことではありません。

公立小学校で英語を教えることが始まっているのですから、間違った英語を学んでしまわないかに注意し、あとは英語嫌いにならないよう配慮することでしょう。過度に心配することなく、異質な外国語に触れる機会だと考えれば十分だと思います。

英語が好きな子は本人に任せておけば良いでしょうが、小学校で習った英語だけでは社会人になって使える英語にならないので、中学・高校で読み書きを土台にしっかり学習する必要があります。最近のアメリカでは、外国語教育の目的は異文化コミュニケーション能力育成であり、そのために必要なのは「読み書きを基盤にした指導」(literacy-based approach) だ、という潮流が出てきています。[*9] 第二章で紹介した長崎通詞の外国語学習法を思い起こすと興味深い流れです。

英語嫌いにならないために

小学校で英語を嫌いになってしまう子は多いので、嫌いにならないような対策が必要です。どうするかといえば、「英語は日本語と違うから難しいのは当たり前。でも違っているから面白い」と、違いを楽しむ方向に目を向けさせる。さらに「英語で人生が決まるわけではない」と安心させ、むしろ好きなことは何かを探し、そこを得意分野にするのも一案です。国語でも算数でも理科でも、何でも構いません。世界は英語だけではないことを知り、英語とは違う場を持つことで、子どもはずいぶん気持ちがラクになるはずです。

勉強はどれもダメという子どもにも、運動神経が抜群、思いやりがある、気配りできる、がまん強い、正義感があるなど、どこか優れた資質があるはずです。それを大事にしたい。

勉強はまるでダメだった子が、社会で驚くほどの活躍をすることは案外あるものです。学校の勉強は大事ですが、成績は評価する先生や評価方法によって変わります。世界的に有名な画家が小学生の頃は図工の成績が惨憺（さんたん）たるものだったと聞いたことがあります。成績だけを見て決めつけず、人間として子どもを判断したいものです。「素地」があれば、いつの日か英語が必要になった時に、生きるのですから。

親は子どもに良かれと考えてあれこれ教えますが、最近の日本で目立つのは「子どもを自分の自己実現の手段とする」親の存在だと言われます。[*10]「子どものため」と称して、自分ができなかったことを子どもに実現させようとする。これは英語に関しては顕著です。「私だって小さい頃からやっていれば、今頃は英語ペラペラだったのに」という悔しさを子どもに転化して、英語での保育に惹かれるということはないでしょうか。「英語だけは、ちゃんとやりなさい」と子どもにプレッシャーをかけてはいないでしょうか。

親の願望を子どもに押し付けると、子どもは生まれながらに持っている資質を十分に伸ばすことができなくなる可能性がありえます。幼いうちは親を喜ばせようと素直で健気だった子が、思春期に荒れたり、大人になってから不満が爆発したり、心の病を発症したりすることさえあります。*11

子育てと英語

教育というのは学校でも家庭でも、結果が出るまでの時間が長いので、失敗したと気づいたときは遅いこともありえるでしょう。子どもの人生は子どものものと悟り、人間としてまっとうに育つよう見守ることで十分に教育責任を果たしていると考えられないでしょうか。子どもが生来持っている力を信じて自ら伸びていくのを見守ることは、親の忍耐力が試されることではあるのですが、それこそが子育てかもしれません。第三章で紹介したノーベル物理学賞受賞者は、それを言いたくて、「すべての子どもは生まれながらの科学者なのに、周囲の大人が寄ってたかってダメにする」と語ったのではないかと思います。

英語に関しても同じです。すべての子どもは生まれながらに言語への鋭い感性に恵まれているのですが、周囲が寄ってたかってダメにしていることはないでしょうか。母語の重みを認識すること、そして言語とは一生を通して学ぶことであることを理解すれば、英語学習について焦る必要はないことがわかります。

これからは、簡単な英語なら、ＡＩ（人工知能）がやってくれます。通訳者や翻訳者など英語の専門家になるなら別ですが、英語は必要なときに自動通訳機を使えば済みます。

ということは、未来に生きる子どもたちは、第一章でも述べましたが、ＡＩが人間に太刀打ちできないことを学ぶべきなのです。書いてあることを理解する「読解力」と、文化や状況などのコンテクストを考慮しながら相手と対話する「コミュニケーション能力」は人間にしかできません。そのいずれも、母語で培うことが土台となります。その上で、ＡＩ時代に英語を学習する意味を考えると、スキルだけにとどまるのではなく、「異質性」を学ぶことに集約されるように思います。多文化多言語共生社会を持続可能にするための「他者理解」への第一歩が、異質な言語である外国語の学習です。

「みんなやってる」などと周囲の空気に同調して流されるのではなく、まずは親が主体的に判断して子どもを育てることで、子どもは主体性や自律性を身につけていくでしょう。外国語は生涯にわたり学び続けるものですから、自律性が育っていれば、成長した子どもは必要に応じて学びます。自律性があれば、言語コミュニケーション能力だけでなく、どのような危機にあっても自らが判断する力を得ます。

そのような自律性を培うことを最優先して子育てをしたらどうでしょう。子育ては、子離れへのプロセスでもあります。いつまでも手元で可愛がりたいわが子ではあるけれど、やがて一人で飛び立っていかれるように育てることを考えてみてはいかがでしょうか。

あとがき

小学校での英語が教科になることについて、書かねばならないと考えながらも、書きたくないという気持ちが強く、書けないでいました。

二〇〇六年三月に中央教育審議会が小学校での英語必修化を提言し、『危うし！ 小学校英語』（文春新書）が刊行されたのは同年六月でした。執筆していた当時は決定前でしたので、何とかしなければという思いで一気呵成に書きました。

しかし結局、多くの反対にもかかわらず小学校での「英語活動」は始まり、二〇二〇年から英語を「教科」とすることも決まりました。二〇一八年の現在は、すでに前倒しで小学校での「英語」授業は始まっています。そのような状況で、公立小学校での英語教育に反対してみたところでどうなる、と考えれば本を書く気にはなりませんでした。

ＮＨＫ出版から本書の企画が提案されたのは、二〇一七年でした。お断わりするつもりで編集者に会ったところ、今は保育園児の子が小学生になるときには英語の授業が始まっている、親としてどう対応したら良いのか、と真剣な表情で問われ、答えるというよりは話し合っているうちに、何か書かなければならない、と思い始めました。

とはいえ、何も書けないまま月日が経っていきました。編集者の黒島香保理さんは私の講演会に度々足を運び、小学校での英語教育について質問に答える私の姿を見て、この企画はやっぱり無理かもしれないと考え始めたそうです。

潮目が変わったのは、私の気持ちが整理され方向性が決まったことでした。それを後押ししたのは数々の講演会で必ず出る子どもの英語についての保護者や教師からの質問であり、取材の際に相談される親としての本音でした。小学校での英語教育が国家政策として確定し進んでいる以上、子どもたちは英語と付き合っていくしかない。その子どもたちが英語にめげず、なるべく楽しく英語と接し、のびのびと育つためには、保護者の理解が不可欠だと考え始めたのです。

時期を同じくして、ＮＨＫ出版の加藤剛編集長から、ＮＨＫテレビ『歴史は眠らない』

のテキストに掲載された「英語・愛憎の二百年」を、今回の新書に組み入れたらどうだろう、というご提案をいただきました。テレビ放映された番組のテキストを小学生を持つ保護者の方々に読んでいただくと、英語教育についての理解が深まるだろうと考えました。

方向性が決まってからは、夢中で書きました。英語教育の現状をふまえつつ、小学生を英語嫌いにしないためにはどうしたらよいかという視点から、書き続けました。母語獲得と英語習得の違い、意欲と動機づけの問題、そして子育て論まで、書きたいことは膨らんでいきました。

子どもの言語習得を考えるにあたり欠かせない発達心理学については、友人の内田伸子氏からご著書を贈呈していただき、お会いする度にさまざまにご教示いただきました。深く感謝しております。

本書では、私自身の主張をすべて終章にまとめる編集方針もありえたのですが、私はそうではなく、保護者の方々に現状や問題点を知らせながら、その都度、自分の思いを語りかけるつもりで書きました。結果として重複もあり、整理されていない印象があるかもしれませんが、どこから読み始めても私の考えが伝わるようになっています。

私自身の英語体験もわずかながら織り込まれています。本書に書かなかった思い出もありますが、それは拙著『戦後史の中の英語と私』（みすず書房、二〇一三）をご参照いただきたいと思います。

私にとって、英語にまつわる両親の原風景は、二つでしょうか。まだ幼い頃に母親が、知らないことばで知らない人と何か話しているおぼろげな記憶。おそらく外国人に道でも聞かれて答えていたのでしょう。そして、父親がなぜか「アイ・アム・ラニング」と言いながら走って見せた姿。今から思えば、run（走る）という動詞の現在進行形を教えようとしたのかもしれませんが、その目的が何であったかはわかりません。ふだんはない珍しいことだったので記憶に残っています。

小学二年生のとき、私立小学校の編入試験を受けることになり、受験勉強のため、私は毎日のように父親から怒られながら算数の問題をやらされ、それ以来、私は算数も勉強も大嫌いになりました。そのせいか、英語を無理強いすることは両親ともにしませんでしたが、ここぞ、というときには存在感を発揮しました。

近所に越してきたアメリカ人の子に話しかけたくなった私に問われ「ワッチャーネーム」（名前は何？）という英語を教えた母。高校生になって英会話学校に通いたいと言い始めた私に、高校レベルよりはるか上の「大学生・社会人向け」クラス受講を勧めたのは父でした。お金を出してもらうのだから仕方なく背伸びしましたが、結果的には良いアドバイスでした。やたら厳しい両親に私はずっと反発して生きてきましたが、振り返ってみれば、折々に助けてくれた親がいました。

英語をめぐっての親の立ち位置は、「いざというときに助ける」程度で良いのだろうと思います。その代わり、子どもから聞かれたら答えられるくらいの英語は親自身が学んでいたい。必要なときに子どもを支えられるような知見は持っていたい。そして、大切な子どもを真っ直ぐに育てるための適切な判断力を持っていたい。そんな思いを込めて、本書を書きました。

そのような思いを本にする機会を与えて下さったＮＨＫ出版の加藤剛編集長と黒島香保理さんに、心からの謝意を表します。

この書が、子どもの英語教育について悩み迷っている多くの方々の参考になることを願い、子どもたちの未来に幸あれと祈ります。

二〇一八年七月一四日　猛暑の東京で

鳥飼玖美子

注

第一章

1 中央教育研究所「自律した学習者を育てる言語教育の探求——小中高大を接続することばの教育として」プロジェクト研究会における苅谷夏子氏の講演、二〇一七年八月五日国際文化会館にて。中央教育研究所「研究報告　九一号」（二〇一八年五月）所収。

2 Sapir and Whorf Hypothesis

3 Cummins, J. & 中島和子（一九八五）「トロント補習小学生の二言語能力の構造」東京学芸大学海外帰国子女教育センター（編）『バイリンガル・バイカルチュラル教育の現状と課題——在外・帰国子女教育を中心として』（一四一－一七九ページ）、東京学芸大学海外帰国子女教育センター

4 中島和子（一九九八）『バイリンガル教育の方法——地球時代の日本人育成を目指して』アルク

5 内田伸子（一九九九）「第二言語学習における成熟的制約——子どもの英語習得の過程」桐谷滋（編）『ことばの獲得』ミネルヴァ書房（一九五－二二八ページ）

6 新井紀子（2018）『ＡＩ vs. 教科書が読めない子どもたち』東洋経済新聞社

7 Dörnyei, Z. (2001). *Teaching and researching motivation*. Essex: Pearson Education.

8 Dörnyei, Z. & Ushioda, E. Eds. (2009). *Motivation, language identity and the L2 self*. Bristol. Buffalo, Toronto: Multilingual Matters.

9　私自身の英語学習について、詳しくは、拙著（二〇一三）『戦後史の中の英語と私』みすず書房を参照。

10　Benson, P. (2001). *Teaching and researching autonomy in language learning*. Essex: Pearson Education. Dam, L. Ed. (2001). *Learner autonomy: New insights*. AILA.

11　Bandura, A. (1997). *Self-Efficacy: The Exercise of Control*. Worth Publishers. Bandura, A. (Ed.). (1995). *Self-efficacy in changing societies*. Cambridge : Cambridge University Press.

第二章

1　徳川幕府の対外政策は異国渡御制禁と呼ばれており、もともと鎖国という認識はされていなかった。長崎口（出島の長崎会所を通して中国・オランダと）、対馬口（対馬藩を中継ぎとして朝鮮王朝と）、薩摩口（薩摩藩を中継ぎとして琉球王国と）、蝦夷口（松前藩を中継ぎとしてアイヌと）と四つの「口」では対外交流が続けられた。

2　一八世紀後半からロシア船が日本近海にたびたび姿を現すようになり、一八〇四（文化元）年にはレザノフが日本人漂流民を伴って長崎に来航し、通商を要求した。こうしたことから、幕府はロシア語の習得が必要だと考えた。

3　ラナルド・マクドナルド（一九七九）『マクドナルド「日本回想記」――インディアンの見た幕末の日本』（ウィリアム・ルイス、村上直次郎編、富田虎男訳訂）刀水書房

4　サミュエル・ウェルズ・ウィリアムズ（一九七〇）『ペリー日本遠征随行記』（洞富雄訳）雄松堂書店

5　前掲、4の資料一部改変。

6　前掲、3の資料を参照。

7　斎藤兆史（二〇〇一）『英語襲来と日本人――えげれす語事始』講談社

8　幕末から明治前期に高額な待遇で欧米先進国から臨時に雇い入れた外国人。明治期を通じての官雇外国人総数は三〇〇〇人と推定されるが、公共事業・教育・軍事・外交の各分野で活躍。イギリス人が過半数を占め、以下フランス・ドイツ・アメリカの順。

9　愛知・大阪・広島・長崎・新潟・宮城の外国語学校はすべて英語学校に改称されたが、東京外国語学校は英語科を「東京英語学校」として分離独立させ、外国語学校も存続した。

10　『ゑんぎりしことば』は清水卯三郎が横浜で出版したもので、蘭文英学書を種本にしたとみられる。

11　房庵恋二山人（出版年不明）『言語注解　英語士渡逸』連声堂

12　松崎欣一編『福澤諭吉著作集　第三巻　福翁自伝・福澤全集緒言』慶應義塾大学出版会

13　藤井哲博（一九八五）『咸臨丸航海長　小野友五郎の生涯――幕末明治のテクノクラート』中公新書

14　一八七七年二月、愛知・広島・長崎・新潟・宮城の英語学校は廃止となり、それぞれの県に移管されて中等学校となった。同年、東京英語学校は東京大学予備門となり、大阪英語学校は七九年に大阪専門学校となった。東京外国語学校は八五年に東京商業学校に併合された。

15 一八七七年二月、鹿児島の士族層を中心に西郷隆盛を首領として起こった反政府反乱。政府軍が勝利したが、官軍・反乱軍あわせて一万二〇〇〇人近い戦死者を出し、巨額の戦費支出と不換紙幣の増発により戦後の国家財政は危機に瀕した。

16 畔上賢造「内村先生と英文」（月報第一四号）『内村鑑三全集』（一九八〇〜一九八四）岩波書店

17 富田正文校注（二〇〇一）『福翁自伝〈新装版〉』慶應義塾大学出版会

18 太田雄三（一九九五）『英語と日本人』講談社学術文庫

19 岡倉由三郎（一八六八〜一九三六）、英語学者。共立学校を経て帝国大学（現・東京大学）に学ぶ。東京高等師範学校教授。研究社の『新英和大辞典』の編纂、わが国初のラジオ講座講師など、英語教育の普及に貢献した。

20 岡倉由三郎（一八九四）「外国語教授新論」『教育時論』（第三三八号附録）

21 伊村元道（二〇〇三）『日本の英語教育200年』大修館書店

22 江利川春雄（二〇〇六）『近代日本の英語科教育史――職業系諸学校による英語教育の大衆化過程』東信堂

23 岡倉由三郎（一九一一）『英語教育』博文館

24 日本からアメリカへの移民は一八八八年頃から本格化し、一九〇八年には日系人の数が一〇万四〇〇〇人近くにのぼった。一方、アメリカ国内では、増加する日系人に対し、〇五年頃から排日運動が高まりをみせたため、〇八年には、再渡航者と近親者の呼び寄せのみに制限する日米紳士協約が結ばれた。さらに二四年には、日本からのいっさいの移民を禁止する排日移民法が成立し、これを受けて日本国内には反米感情が湧きあがっていった。

25 漱石全集刊行会編（一九二五）『漱石全集　別冊』漱石全集刊行会

26 國弘正雄（一九三〇〜二〇一四）、東京都生まれ。父親の転勤で神戸一中（現・兵庫県立神戸高校）に転校、日本生産性本部から派遣され米国で同時通訳を経験。ＮＨＫ教育テレビ講師を経て、文化放送「百万人の英語」講師、東京国際大学教授などを歴任。三木武夫首相の外交ブレーンとして活躍。のちに参議院議員。詳しくは、鳥飼玖美子『通訳者と戦後日米外交』（みすず書房、二〇〇七）を参照。

27 村松増美（一九三〇〜二〇一三）、東京都生まれ。太平洋戦争中、航空技術者を養成するために作られた都立航空工業学校に入学。日本生産性本部派遣日米同時通訳者第一団として渡米。米国国務省、日米貿易協議会調査部長を経て帰国。國弘正雄とともに日本初の同時通訳者グループ「サイマル・インターナショナル」を創設。前掲、26の資料を参照。

28 前掲、26の資料を参照。

29 一九三一（昭和六）年九月一八日に始まる日本の満州（中国東北部）への侵略戦争。奉天郊外の柳条湖で鉄道爆破事件をおこし、軍事行動を展開。翌年に満州国を成立させた。

30 従来、中学校、高等女学校、実業学校はそれぞれ別の学校令によって規定されていたが、軍事教育の必要性から、一九四三（昭和一八）年に諸学校を包括する中等学校令が交付され、教科内容の見直しや就業年数の削減が行われた。

31 『昭和十八年度使用中等学校青年学校教科用図書目録』より「中学校の部　外国語科（英語）」。

32 「中等学校外国語科教授要目の解説」『外国語科指導書　中等学校第一学年用』（一九四三）中等学校教科書株式会社

33 江利川春雄（二〇〇八）『日本人は英語をどう学んできたか――英語教育の社会文化史』研究社

34 東京第一陸軍造兵廠編纂、陸軍兵器本部改訂（一九四一）『昭和一七年改訂　工業英語教程』（陸軍造兵廠技能者養成所　見習工員科第二学年用）

35 "THE PRACTICAL KOGYO READERS 1"　斯文書院、一九三九年訂正再版

36 実業教育振興中央会編（一九四三）『英文通信』実業教科書株式会社

37 一八七三（明治六）年一月一日、太陽暦が施行されたのと同時に併用された紀年法。神武天皇即位の年を日本国家の始まりとして、そこを紀元として年を表記する。神武即位の年が紀元前六六〇年とされたので、西暦一九四三年は皇紀二六〇三年となる。

38 中等学校株式会社編（一九四四）『英語　中学校用　第一巻』中等学校教科書株式会社

39 一九四五年三月九日夜半から一〇日にかけて行われたアメリカ軍による東京への大空襲。一〇万人近い人命が奪われ、東京の下町はほぼ壊滅した。

40 労働力不足を補うために、学生・生徒を工業・農業生産・土木作業などに強制的に徴用し配置。

一九四四年の学徒勤労令によってほとんどの学生・生徒・児童が根こそぎ動員され、学校教育の機能がほぼ停止しただけでなく、作業中の死傷者も多数にのぼった。

41 中等学校株式会社編（一九四六）『英語　高等女学校外国語科用　第二巻』中等学校教科書株式会社

42 朝日新聞（二〇一一年一月四日）夕刊「人生の贈りもの」

43 誠文堂新光社の小川菊松が社史に残した記事によると、一九四五年八月一五日、房州に出張していた小川は、ラジオから流れる終戦を告げる天皇の言葉を岩井駅で聞き、帰京の汽車の中で『日米会話手帳』の出版を考えつく。科学雑誌を主に出版していた誠文堂新光社からの発行はそぐわないとの判断から、発行元は子会社の科学教材社となっている。奥付の発行日は一〇月三日だが、実際は九月一五日には店頭に並んだという。

44 Hymes, D. (1974). *Foundations in sociolinguistics: An ethnographic approach*. University of Pennsylvania Press.

45 「語学指導等を行う外国青年招致事業」（The Japan Exchange and Teaching Programme）の略称。地方公共団体が総務省・外務省・文部科学省および財団法人自治体国際化協会の協力のもとに実施している。外国語教育の充実と地域レベルの国際交流の進展を図ることをとおして、日本と諸外国との相互理解の増進、地域の国際化の推進に資することを目的として一九八七年に開始された。

46 Canale, M. and Swain, M.(1980). Theoretical bases of communicative approaches to second language teaching and testing. *Applied linguistics*. 1(1):1-47; Canale, M. (1983). From communicative competence to communicative language pedagogy. In J.C. Richards and R. Schmidt (Eds.). *Language and communication*. London: Longman.

47 Council of Europe (2018), CEFR Companion Volume with New Descriptors. www.coe.int/lang-cefr

第三章

1 British Councilは、英国の公的な国際文化交流機関。ホームページでは、「世界１００以上の国と地域で英国と諸外国の文化交流活動を推進。教育と文化を通じて、日英を結ぶ架け橋になることを目指しています」とあり、英会話スクールも運営。

2 内田伸子（二〇一七）『子どもの見ている世界――誕生から6歳までの「子育て・親育ち」』春秋社

3 内田伸子（一九九九／二〇一五）『発達心理学――ことばの獲得と教育』岩波書店

4 ＯＥＣＤ（経済協力開発機構）が義務教育の終わりに実施する国際学力調査。

5 内田伸子・浜野隆編（二〇一二）『世界の子育て格差――子どもの貧困は超えられるか』金子書房

6 内田伸子（二〇一四）『子育てに「もう遅い」はありません』冨山房インターナショナル、および、前掲、2の資料を参照。

7　前掲、2の資料を参照。

8　朝日新聞（二〇一八年六月二八日）朝刊「『しつけ』名目の虐待　なぜ」

終章

1　Lightbown, P.M. & Spada, N. (2006). *How languages are learned*. Oxford University Press.

2　Halliday, M.A.K. (1989). *Spoken and written language*. Oxford University Press.

3　詳しくは、鳥飼玖美子『本物の英語力』（二〇一六）、『話すための英語力』（二〇一七）、ともに講談社現代新書を参照。

4　朝日新聞（二〇一八年五月二三日）オピニオン面「耕論」、および、貴戸理恵（二〇一八）『「コミュ障」の社会学』青土社

5　Jakobson, R. (1960). Closing Statement: Linguistics and Poetics, in *Style in Language* (ed. Sebeok, T).

6　前掲、3の資料『話すための英語力』を参照。

7　Gumperz, J.J. (1982). *Discourse strategies*. Cambridge University Press.

8　MacIntyre, P.D., Dörnyei, Z., Clément, R., & Noels, K. (1998). Conceptualizing willingness to communicate in a L2: A situational model of L2 confidence and affiliation. *Modern Language Journal*, 82, 545-562.　八島智子（二〇〇四）『外国語コミュニケーションの情意と動機——研究

と教育の視点』関西大学出版会
9 Garrett-Rucks, P. (2016). *Intercultural competence in instructed language learning: Bridging theory and practice*. Charlotte, NC: Information Age.
10 佐藤優・杉山剛士（二〇一八）『埼玉県立浦和高校――人生力を伸ばす浦高の極意』講談社現代新書
11 小石川真実（二〇一二）『親という名の暴力――境界性人格障害を生きた女性医師の記録』高文研

＊本書の第二章「英語教育史から探る」は、ＮＨＫテレビ『歴史は眠らない』（二〇一一年二月放送）のテキストに掲載された「英語・愛憎の二百年」に加筆・修正を加え、再構成しております。

校閲　大河原晶子
DTP　㈱ノムラ

鳥飼玖美子 とりかい・くみこ
立教大学名誉教授。
NHK「ニュースで英会話」講師を2009年から2018年3月まで続け、
2018年4月からは「世界へ発信 SNS英語術」講師。
上智大学外国語学部卒。コロンビア大学大学院で修士号、
サウサンプトン大学大学院で博士号(Ph.D.)取得。
専門は英語教育学、異文化コミュニケーション学、通訳翻訳学。
著書に『通訳者と戦後日米外交』
『英語教育論争から考える』(みすず書房)、
『本物の英語力』『話すための英語力』(講談社現代新書)、
『英語教育の危機』(ちくま新書)など。

NHK出版新書 562
子どもの英語にどう向き合うか
2018(平成30)年9月10日 第1刷発行

著者 鳥飼玖美子
発行者 森永公紀
発行所 NHK出版
〒150-8081東京都渋谷区宇田川町41-1
電話 (0570) 002-247 (編集) (0570) 000-321(注文)
http://www.nhk-book.co.jp (ホームページ)
振替 00110-1-49701

ブックデザイン albireo
印刷 壮光舎印刷・近代美術
製本 ブックアート

Printed in Japan ISBN978-4-14-088562-8 C0237

NHK出版新書好評既刊

国語ゼミ
AI時代を生き抜く集中講義
佐藤 優
教科書を正確に理解する力をベースに、AIに負けない「読解力＋思考力」を養う。著者初の国語トレーニング、練習問題付き決定版！
554

日本百銘菓
中尾隆之
知る人ぞ知る実力派銘菓から、定番土産の裏話まで。無数に存在する銘菓のなかから百を厳選し、エッセイ形式で紹介する。オールカラーの決定版！
555

古生物学者、妖怪を掘る
鵺の正体、鬼の真実
荻野慎諧
鬼、鵺、河童……古文献を「科学書」として読むと、怪異とされたものたちは、全く異なる姿をあらわす!? 科学の徒が本気で挑む知的遊戯。
556

脳を守る、たった1つの習慣
感情・体調をコントロールする
築山 節
60代を過ぎて老年期を迎えた脳は「鍛える」のではなく「守る」もの。「1日1頁、5分書くだけ」で、脳の機能は維持することができる！
557

こうして知財は炎上する
ビジネスに役立つ13の基礎知識
稲穂健市
五輪、アマゾン、いきなり！ステーキ、漫画村……。身近な最新事例で複雑化する知的財産権の現状と「トラブルの防ぎ方」が学べる実践的入門書！
558

藤田嗣治（フジタ）がわかれば絵画がわかる
布施英利
日本人として初めて西洋で成功した破格の画家・藤田嗣治。その作品世界の全貌を3つのキーワードで追い、絵画美術の普遍の見方を導く。
559